Outdoor
Exploration

钱俊伟 方翔
编著

户外探索

户外运动认知及基础技能

甘肃人民出版社

图书在版编目（CIP）数据

户外探索：户外运动认知及基础技能 / 钱俊伟，方翔编著. -- 兰州：甘肃人民出版社，2022.1
ISBN 978-7-226-05798-8

Ⅰ.①户… Ⅱ.①钱…②方… Ⅲ.①体育锻炼 Ⅳ.① G806

中国版本图书馆 CIP 数据核字(2022)第 008576 号

责任编辑：张菁
封面设计：80零·小贾

户外探索：户外运动认知及基础技能

钱俊伟 方翔 编著

甘肃人民出版社出版发行
（730030 兰州市读者大道568号）
北京中科印刷有限公司

开本 710毫米×1000毫米 1/16 印张 18 插页 0 字数 266千
2022年3月第1版 2022年3月第1次印刷
印数：1~5000
ISBN 978-7-226-05798-8　　定价：68.00元

目录
CONTENTS

序   001

前言   005

第 1 章 户外一峰秀，阶前众壑深——户外运动概述

一、什么是户外运动   011

1. 户外运动概述   011
2. 户外运动发展简史   015
3. 户外运动经典赛事   015
4. 户外运动技能   017

二、什么是户外探索课程   018

1. 户外运动教育与课程的发展简史   018
2. 北京大学户外运动课程   019

第2章 自知者明——户外运动自我认知基础技能

一、户外运动不同阶段的自我认知 025

二、户外运动自我认知的四个方面 026
1. 身体素质与技能的自我认知 026
2. 心理素质与情绪的自我认知 029
3. 团队角色的自我认知 031
4. 户外运动中的价值认同 032

第3章 一花一世界，一草一段情——户外运动生态保护基础技能

一、无痕山野法则概述 038

二、无痕山野法则具体要求 039
1. 提前计划与准备 039
2. 在可耐受地面行进和露营 040
3. 妥善处理垃圾 042
4. 保持自然原貌 043
5. 野外用火 044
6. 尊重野生动物 045
7. 为他人着想 045

第4章 进无所疑，退无所匮——户外运动身体训练基础技能

一、耐力训练：能量代谢系统训练 050
1. 心率公式与训练心率区间 051
2. 稳态训练 052
3. 间歇训练 053

二、力量训练：肌肉力量提升 　　055
1. 核心力量与稳定性训练 　　056
2. 上肢力量训练 　　067
3. 下肢力量训练 　　068

三、柔韧性训练 　　071
1. 静态拉伸 　　072
2. 动态拉伸 　　074
3. 自我筋膜松解 　　074

四、运动损伤预防 　　076
1. 足部和踝部损伤 　　076
2. 膝关节损伤 　　078
3. 下背部疼痛 　　079

第5章 工欲善其事，必先利其器——户外运动技术装备基础技能

一、户外运动技术装备基础技能和基本原则 　　083

二、户外运动服装基础知识 　　084
1. 基本原理 　　084
2. 基本方法：三层着装法 　　086
3. 实际应用 　　089

三、户外运动背包装备基础知识 　　089
1. 运动背包的结构 　　090
2. 运动背包的选择 　　096

四、户外运动足履装备基础知识 　　098
1. 鞋 　　098

2. 袜 100

五、户外运动水具、灯具、通信工具基础知识 101
1. 水具 101
2. 灯具 102
3. 通信工具 102

六、登山杖 103
1. 结构 103
2. 分类 104
3. 使用 105

七、其他常用的户外小工具 106
1. 劳保手套 106
2. 魔术头巾 107
3. 多用刀具 107

第6章 以绳索相引而度——户外运动绳索保护基础技能

一、地貌风险与绳索准备 111
1. 地貌风险 111
2. 绳索装备知识 112
3. 绳索准备 114

二、绳结基本知识 114
1. 布林结 114
2. 双渔人结 115
3. 蝴蝶结 117
4. 双套结 119
5. 抓结 120

6. 绳尾结 … 122

7. 交织结 … 123

8. 盘绳 … 124

三、陡坡下降保护 … 125

1. 布林结＋保护点（有同伴时） … 126

2. 南非式下降（徒手） … 126

四、绳套、绳索搬运与携带 … 126

1. 绳套搬运 … 127

2. 绳索编织担架 … 127

第7章 食不厌精，脍不厌细——户外运动身体补给基础技能

一、身体补给基本原理 … 131

1. 能量营养素：碳水化合物、脂肪、蛋白质 … 132

2. 维生素 … 135

3. 矿物质 … 135

4. 水 … 136

5. 膳食纤维 … 137

二、饮食计划的制订原则 … 138

1. 制订饮食计划需要考虑的几种因素 … 138

2. 饮食计划量化计算方法 … 140

三、饮食计划的组成部分 … 142

1. 水 … 142

2. 行动粮 … 144

3. 营地粮 … 144

4. 后备粮 … 145

5. 应急粮　　　　　　　　　　　　　　　　145

6. 食品食材的打包　　　　　　　　　　　　145

第8章　上识天文，下知地理——户外运动地理勘察基础技能

一、地图与地貌识别　　　　　　　　　　　150

1. 地图常识　　　　　　　　　　　　　　　150

2. 户外运动中获取地图的一般途径　　　　　152

3. 等高线与地貌识别　　　　　　　　　　　153

二、野外环境中的地图应用　　　　　　　　154

1. 标定地图与确定站立点　　　　　　　　　154

2. 方位辨别　　　　　　　　　　　　　　　154

3. 距离估算　　　　　　　　　　　　　　　155

4. 坡地重力地貌的野外判断　　　　　　　　156

三、气候与天气　　　　　　　　　　　　　158

1. 基本气象要素　　　　　　　　　　　　　158

2. 户外体育运动气象指数与天气预报　　　　161

3. 野外环境中的天气预测　　　　　　　　　162

四、户外路线评估标准　　　　　　　　　　162

1. 活动环境　　　　　　　　　　　　　　　163

2. 危险性　　　　　　　　　　　　　　　　163

3. 强度　　　　　　　　　　　　　　　　　164

4. 技术要求　　　　　　　　　　　　　　　164

5. 两种常用的户外运动分级　　　　　　　　164

五、制订行程计划的一般步骤　　　　　　　165

1. 确定大致线路的一般方法　　　　　　　　166

2. 关键点标注 … 166
3. 估算行进时间的一般方法 … 168
4. 行程设计与行程表 … 169

第9章 以天为盖地为庐——户外运动野外宿营基础技能

一、野外营地选址与规划 … 173
1. 选址的一般原则 … 173
2. 特殊环境下的营地选址 … 175
3. 营地分区规划 … 176

二、野外宿营装备 … 177
1. 扎营装备 … 177
2. 餐事装备 … 180
3. 睡眠装备 … 183
4. 其他个人装备 … 185

三、野外营地管理 … 186
1. 扎营管理 … 186
2. 营地用火管理 … 186
3. 营地餐事管理 … 187
4. 撤营管理 … 187
5. 营地管理中的其他问题 … 188

第10章 善为医者，行欲方而智欲圆——户外运动伤病防治基础技能

一、户外急救基本原则 … 192
1. 保持冷静 … 192
2. 确保环境安全 … 192
3. 先重后轻 … 193

4. 搬运要慎重　　　　　　　　　　　　　　　　193

二、伤病类型　　　　　　　　　　　　　　　193

三、户外急救基本流程　　　　　　　　　　　194
1. 环境评估和个人防护　　　　　　　　　　　194
2. 判断伤情　　　　　　　　　　　　　　　　195
3. 及时呼救　　　　　　　　　　　　　　　　196
4. 必要施救　　　　　　　　　　　　　　　　196

四、创伤急救四大技术　　　　　　　　　　　197
1. 止血　　　　　　　　　　　　　　　　　　197
2. 包扎　　　　　　　　　　　　　　　　　　199
3. 固定　　　　　　　　　　　　　　　　　　203
4. 搬运　　　　　　　　　　　　　　　　　　205

五、户外常见伤病处理　　　　　　　　　　　209
1. 瘀伤和创伤　　　　　　　　　　　　　　　209
2. 温度引起的伤害　　　　　　　　　　　　　210
3. 其他伤病　　　　　　　　　　　　　　　　213

第11章 运筹帷幄之中，决胜千里之外——户外运动总体计划基础技能

一、活动参与人群分析　　　　　　　　　　　220
1. 目标人群的需求　　　　　　　　　　　　　220
2. 类型特征分析　　　　　　　　　　　　　　221
3. 技能水平分析　　　　　　　　　　　　　　222

二、目标设定　　　　　　　　　　　　　　　223

三、资源测评   224

1. 搜集背景资料   224
2. 掌握现有资源   225
3. 团队管理及分工   226
4. 制订紧急预案   227

四、计划评估   227

1. 自我评估   227
2. 他人评估   228

五、计划实施准备   228

第12章 患生于所忽,祸起于细微——户外运动风险管理基础技能

一、户外环境与风险类别(风险成因与事故模型)   234

二、正确的户外运动安全观   238

三、行前计划与准备   240

1. 法规和经验准备   240
2. 搜集资料   241
3. 领队和成员的选择、培养和提高   242
4. 制订风险管理方案   242

四、现场处理与常见风险应对   246

1. 与环境相关   246
2. 与人相关   248
3. 与装备相关   249

第13章 身先足以率人——户外运动领导力基础技能

一、户外运动中领队的自我认知　　254
　1. 领队态度　　254
　2. 领队风格　　255
　3. 领队责任　　256

二、户外运动规划与组织能力　　257
　1. 活动前的准备　　257
　2. 组织技巧　　258

三、户外运动人事协调与纠纷处理能力　　260
　1. 人事协调　　260
　2. 团队建设——责任与愿景　　261
　3. 纠纷处理　　262

四、户外运动常见突发情况处理能力　　263
　1. 制订最佳决策　　263
　2. 应对压力　　264
　3. 勇气　　265

五、户外运动复盘能力　　265

附录　　268

参考文献及延伸阅读　　273

序

我认识的北大人不多。总的印象,这些人能学、能说,敢想、敢干。因为工作的关系,这些人基本都与"山鹰社"有关。

作为我国第一个以登山、攀岩为主要活动的学生社团,"山鹰社"已过而立之年。而当一项活动脱离了它最初的生存目的,而在追求一种精神价值的时候,它就升华成一种事业。

不仅如此,当一种事业的价值追求与个人人生的价值追求相统一时,它就突破了行业的界限,成为共同的人生目标。而事业本身,就成为达成目标的一种"修炼过程"。登山,就是这样的一个过程。

当然,要成功就要付出一定的努力和代价。为了把代价降到最小,就要有科学的方法,《户外探索——户外运动认知及基础技能》将告诉你这些科学的方法。不仅如此,本书涉及的知识、经验、技能、训练等内容,都十分契合"科学、文明、安全、环保"的现代登山理念。

那么,登山运动与户外运动有什么系呢?

在国外,户外运动属于户外休闲(outdoor recreation/outdoor leisure),基本上是在山地中开展活动。其顶级运动,就是登山运动(高山探险)。

在国内,民间户外运动萌芽于20世纪80年代。2000年,中国登山协会实行"三个转变":由高山向低山、由专业向大众、由探险向休闲。在方翔到协会工作的前一年（2005年），国家体育总局批复将"山地户外运动"作为我国正式开展的体育项目，纳入登山运动下的二级项目。从此，在钱俊伟、方翔一大批专业人士的不懈努力下，我国的户外运动红红火火地开展起来。

因此，户外运动包含了登山运动的全部基因，尤其是其精神内涵——不畏艰险、顽强拼搏、团结协作、勇攀高峰。同时，它也拓展了登山运动的领域和方式，尤其是参与人群和价值内涵，成为生活水平的标志、幸福状态的载体。因此，"爱生活、不功利、敢超越"，成为户外运动的旗帜。

户外运动的高手一定会参与登山运动，而登山运动要吸引更多的人，一定要组织户外运动。

本书的两位作者都参加过登山运动，都是户外运动的高手。

钱俊伟，北京大学"山鹰社"指导教师。2009年登顶玉珠峰；2010年带队西藏尼玛县徒步科考一个月；2011年带队参加全国大学生海岛野外生存夏令营；2012年带队完成环台湾岛1074千米骑行；2014年带队完成211千米安纳普尔纳大环线徒步；2018年带队登顶珠穆朗玛峰；2018年带队远赴俄罗斯堪察，同时开展历时35天的荒野探险旅行；2019年带队登顶勃朗峰……

方翔，北京大学"山鹰社"前社员。2006年—2017年在中国登山协会户外运动部担任赛事主管，策划、执行了多个国际、国内户外运动挑战赛、全国户外运动技能赛、登山赛；2018年登顶珠穆朗玛峰……

再说说本书的特色吧！我认为有以下三点：

一是目标读者明确。本书主要读者是在校大学生，针对学生的特点，每章后都设有思考问题，进行准确引导，目的是让学生能抓住重点。

二是突出"运动"属性。本书含有大量的运动学、训练学、营养学的内容。这在其他有关户外运动的书籍中是不多见的，这也是作者跨学科知识的优势所在。

三是贯穿"体验式教学"的理念。细心的读者会发现，在户外探索的知识、技能背后，其实还有一个更重要的目的：户外教育。

本书除了为户外运动保驾护航，也希望读者能更加了解自然，并通过克服自然环境条件下（暂时隔绝了现代文明）的各种困难，更加深入地了解自己、理解他人、懂得社会，进而使自己的人格更加完善，使团队集体更加团结，使社会更加文明。

人+山，是个"仙"字。中国登山协会老主席曾曙生曾经说过："人与山相逢，就会产生奇迹。"

信不信，去试试？

一点感慨，权当书序吧！

张志坚

2022年2月15日

前言

向往远方，探求未知，是已深深融入人类脉搏的因子。人，栖居在天空下，仰望苍穹，因惊奇而探究宇宙之奥秘，因敬畏而感悟造物之伟大。我们向往与自然的亲密，渴望面对危险的勇气和坚强，于是，从这种人与自然的先天关系中，演化出人类最早的体育运动——户外运动。它来自于自然，又超脱于自然。从狩猎、采集的基本生命需求，到地理边缘探险的生命价值追寻，在身体行走的旅途中，人的精神与世界不曾分离，生存、生活、生命、心灵，成为完满而圆融的整体；在探索的过程中，人不断追究着存在的意义，在追求的过程中感知生命的意义、价值与智慧。

户外探索教育，正是促成这种生命教育的基本手段。它削去了莽撞的户外冒险，用理性的知识和技能包裹住个体躁动不安的激情；它引领着我们爆发，向上挑战危险，也告诫我们忍耐，向下承受匮乏。在户外，生命教育的旅程从身体改造出发：攀山抱岩，我们与高空、重力、岩石对话，身体的动觉与重力建立合乎逻辑的联系；穿林越野，我们向林草、大地、远方问好，个人的意志与自然产生独立又依存的交互；望岳凌顶，我们聆听山岳、雪原、星辰的秘语，个体在与环境、团队的联结中突破未知与极限。

户外探索教育，也是为野外科考搭建安全防火墙的有效途径。探险科考，是写入人类基因的渴望，也是人类历史和传统的重要组成部分。千百年来，职业探险家、学者、旅行者、商人、外交官让文明履迹世界。从早期的个人日记，到样本采集、方位路线记录，再到卫星数据整理，这些宝贵的资料，充分展现了人类探索和解释世界的执着与热情。可是，"就像百合花在荆棘中"，我们也为此付出了无比惨痛的生命代价。

以中国为例，我国早期户外事业以科考研究为主要目标。中华人民共和国成立以来，中国登山协会在科考为先的大旗下先后组织了数十次有重大影响的高山探险活动，为中国登山科考事业培养了大批人才。其中，北京大学登山运动的前辈崔之久先生，就在登山中接触到冰川，并终生投身于冰川科学的研究，充分体现了永在顶峰的北大精神。民族之未来，不在他人，而全在我少年，全在我少年之精神。一代又一代的北大人，继承先辈"勇攀高峰"的登山精神、追求卓越、敢为人先。1989年，北大山鹰社成立，成为全国最早的学生户外社团，培养了12名国家登山运动健将、21名国家一级登山运动员；1990年，北大人登顶第一座6000米级雪山玉珠峰；1998年，他们向8000米级山峰发出挑战；2018年，北大登山队成功登顶珠峰，正是在珠峰之上，为北大学子开办一门户外探索类课程的想法萌芽。到今天，北京大学户外运动教育已经形成了包括社团代表队、赛事、活动、课程、科考实践、野外实习作业、场地设备在内的户外生态圈，拥有10个户外社团（山鹰社、自行车协会、徒步协会、定向协会、拓展协会、滑雪协会、教工户外健身协会、教工自行车协会、教职工越野跑团、雏鹰社），13个户外运动队（登山队、科考队、攀岩队、自行车队、徒步队、定向队、滑雪队、拓展队、户外队、铁三队、教工越野跑队、教工登山队、教工自行车队），7个校友户外协会与代表队（户外分会、光华户外俱乐部、国发院户外俱乐部、汇丰户外俱乐部、戈友会、戈壁挑战赛代表队、亚沙赛代表队），并开设了相关的户外课程（攀岩、骑行、拓展训练、定向与徒步）。不仅如此，凭着不畏艰险、顽强拼搏、团结协作、勇攀高峰的登山精神，北大人将不怕困难、敢为天下先的户外探索文化从校门带出了国门。迄今，北大已有7位校友完成"777马拉松"，7位校友完成"7+2挑战"，2位校友分别创造了双蹼下潜和单人不间断环球航行的世界纪录。

当下，国家加大对科技发展和全民健身的投入，但接连发生的大型户外事故也像一只无形的手遏制了自然科考和户外运动的蓬勃发展。自然科考、户外运动和场地运动不同，它受到多重混合因素的影响，一旦盲目参与，极易引发安全事故。这一背景下，开展户外公共安全教育就显得尤为重要。于是，从践行自然生命教育、助力野外探险科考、加强自然风险抵御教育出发，本书从珠峰上的一个想法逐渐落地生根，它以山鹰社开展雪山攀登为代表的"勇攀高峰"精神和其他户外社团广泛开展户外休闲健身活动的"健康有爱"精神为思想基础，以开放真实的大自然为教学环境，尝试"理论+实践+场景体验"的新型教学模式，整合课堂和户外、学校和社会等多元教学资源，强调多院系联合教学、多学科背景交叉，真正实现校内结业和校外从业、"纸上得来"与"躬行实践"联动。

在生命教育的核心理念下，本课程致力从以下四个维度践行生命教育的丰富品性，诠释体育课程的生命教育价值。

（1）户外教育

在以亿年为单位的宇宙进程中，人类偶然诞生，从茹毛饮血、刀耕火种到工业文明、信息社会，我们暂时告别了自然，但忍耐匮乏、接受挑战的因子不该只流淌在先祖的血液中，人类亲近大自然，是天性的回归与补偿。我们需要在探索自然中充分建立人与自然的友好情感，培养坚毅的品格和自然生存的能力，提升生命的品质。

（2）安全教育

安全教育的核心是对风险的管控，通过建立若干锚点的动态平衡，在舒适区、挑战区和风险区之间画下红线。户外安全教育提倡独立、均衡、有富余，这是自律、平衡和余量思维的体现，强调风险管控、适度紧张、迎接挑战，这是重视细节、危机转化和边缘原则的生命哲学。

（3）环境教育

人类保护自然的最终目的是为了人与自然的和谐共生，户外探索以自然为教学环境，涉足自然，但不留下痕迹，这意味着户外探索的环境教育不是不走进、不接触，而是去做、去体验、去尊重。

（4）思政实践

在思政教育改革的大旗下，户外探索教育以其独特的教育特点和教学过程，实现体育课程和思政教育的有机融合，从课程设计、教师意识、知识储备等方面推动课程、教师、课堂的生命化，不仅授技，而且传道，真正实现思政教育教书育人的综合目标，种好体育课程的思政责任田，做到思想性和科学性的统一。

初心如磐，奋楫笃行；踵事增华，踔厉奋发。从在珠峰上的一个想法到北大课堂上的一门课程，这是一个种下种子的过程，它的价值可能无法体现在当下，但随着时间的发酵，一粒种子会唤醒另一粒，最终林木葱郁；这是一个磕磕绊绊的过程，但每一次尝试和探索都会留下美丽的刻痕，最终千雕万琢。真正属于自然的灵魂才会对户外念念不忘，以生命教育为核心理念的户外探索教育又会唤醒怎样的灵魂，我们期待着。

第1章
户外一峰秀，阶前众壑深——户外运动概述

上古时期，人类刀耕火种，狩于山林，与野外环境具有天然的紧密联系。随着人类文明的发展，城市、村落为我们提供了相对独立的生存环境，户外运动逐渐发展成为一类休闲健身运动，人们在户外挑战自我，亲近自然，既可以强健体魄，又能获得心灵的体悟与升华。

一、什么是户外运动

1. 户外运动概述

（1）定义

广义的户外运动是在非人工的自然环境中进行的以健身、休闲、娱乐、观光等为目的的空间活动，比如户外打球、晨练，甚至散步。狭义的户外运动是人们在自然环境中进行的，以休闲健身为目的的运动项目的统称。

许多户外运动具有探险性，属于极限和亚极限运动，有很大的挑战性和刺激性。

极限运动是指难度大、挑战性高的运动项目。如登珠峰、翼装飞行、自由深潜、自由攀岩、岩崖速降、跑酷等运动项目。

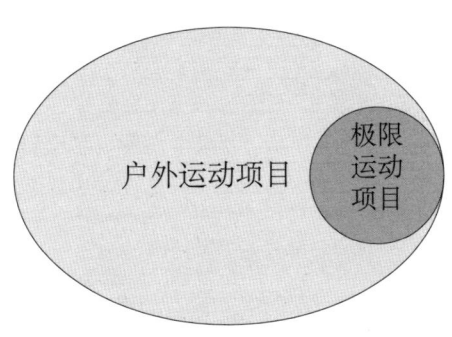

户外运动与极限运动关系图

（2）特点

从环境、规则、目的三个角度来看，户外运动主要有以下三大特点：

第一，户外运动需要借助和依托自然环境。这里的自然环境包括自然场地和人工非运动目的的建筑物，对于户外运动来说，这是自然存在的状态，即排除了室外专门的人工运动场地。

第二，户外运动遵从运动项目原有的基础规则。体育规则是体育运动中大家共同遵守的具体规定。比如得分规则、处罚规则、动作规则、晋级规则，等等。户外运动项目也有相应规则，可以记录成绩。

第三，户外运动的目的是休闲健身，而不是竞技比赛。人们在户外运动中挑战的是自我本身。

竞技体育与休闲体育的区别

	竞技体育	休闲体育
标准化场地	必要条件	非必要条件
规则	有项目成绩，有世界纪录	只有本场地的项目最好成绩
目的	竞技对手	完善自我

（3）分类

户外运动大概可以分为以下七类：

① 水面运动及航海类。

潜水：潜泳、水下定向、水下摄影。

游泳：游泳、跳水、水球、漂流。

航海：冲浪、滑水、风帆、舢板、帆船、游艇、摩托艇、水上摩托、漂流。

② 陆地运动及单车运动。

徒步：散步、行军、跑步、暴走、定向越野。

单车：公路车长途、山地车越野、小轮车机动、山地速降。

③ 山地运动及地下活动。

登山：徒步登山、山地穿越、攀爬登山、攀登雪山。

速降：滑雪、滑梯、滑草、岩降、溪降（车降、滑降）。

攀爬：攀岩、攀石、器械攀登。

探洞：天然洞穴、人工洞穴、水下溶洞。

④ 荒漠户外运动。

沙漠穿越、沙漠生存、戈壁穿越、戈壁生存。

⑤ 野营活动及猎捕饮食。

野营露宿、打猎野炊、采集花草、模拟野战、拓展训练、荒岛生存。

摄影写生、地质考察、采集矿石、调查民俗、考察古迹、采访奇闻。

钓鱼（塘钓、海钓、钓虾）、捉蟹、捉蟳逮鼠、捉虫捕蝶、烧烤烹调。

⑥ 机动车船及航空运动。

摩托：山地越野、公路竞赛、长途旅游。

汽车：赛车、越野、探险、旅游、度假。

滑行：滑雪、滑冰、滑水、旱冰、滑板、蹦极、岩跳。

航空运动：跳伞、滑翔伞、动力伞、热气球、滑翔机、超轻型飞机。

⑦ 娱乐休闲及军体运动。

娱乐：老鹰捉小鸡、丢手绢、跳格子等。

球类：皮球、篮球、排球、足球、羽毛球、网球、沙袋。

骑行：马、骆驼、牛、驴、羊车、狗车、雪橇、自行车、独轮车。

通信：手旗通信、灯光通信、报话通信、摩托通信。

射击：气枪、打猎、射箭、镖弩、彩弹野战。

近年来，在国内外发展迅速和备受欢迎的户外运动项目主要有以下十几种。

攀岩：分为自然场地攀岩和人工场地攀岩，是一项刺激且很有挑战性的活动。

攀冰：攀冰由登山运动发展而来，是攀登高山、雪山的必修科目，更是登山运动的基本技能之一。攀的冰主要是自然冰，分为冰瀑和冰挂两种。攀冰是一项借助装备、器械而进行的运动,要求装备质量高且经久耐用。

速降:悬崖速降,在专业人员的指导与保护下,运用各种专用登山攀岩的保护器材,按照器材的操作规范进行使用及技术动作,在天然陡壁上利用绳索由岩壁顶端下降到地面。

野营:在野外露营、野炊,学习各种野外生活技能。在自然环境下,人与人之间的关系变得紧密、融洽。露营是一种休闲活动,通常露营者携带帐篷,离开城市,在野外扎营,度过一个或者多个夜晚。露营通常和其他活动相联系,如徒步、钓鱼或者游泳等。

野外定向:又名定向越野,是一种在野外利用地图和指南针,以不同形式去完成一段路程,并在检查点为控制卡(记录卡)打上印记的活动。1918年,瑞典童军领袖侨兰特(Major Evnst Killander)发明了一种"寻宝活动"训练童军在野外辨别方向及体能。这项活动经过不断发展,形成今天的野外定向。

轮滑:又称滚轴溜冰、滑旱冰,是人们穿着带滚轮的轮滑鞋在坚硬的场地上滑行的运动。今日多数的滚轴溜冰者主要使用直排轮。

溯溪:在峡谷溪流的上下游之间,克服地形上的各处障碍,穷水之源而登山之巅的一项探险运动。其特点与乐趣在于不断克服一个接一个的急流、瀑布、跌水、漩涡,从而激流勇进、逆水前行。当然,专门的器械、技术不可少,更要依靠队友之间的倾力配合。由于这项活动自始至终在水中行进,时而淌,时而游,因此往往不长的一段溪谷也要历尽艰辛才能穿过。

徒步:亦称作远足、行山或健行,并不是通常意义上的散步,也不是体育竞赛中的竞走项目,而是指有目的地在城市的郊区、农村或者山野间进行中长距离的走路锻炼。

登山:指在特定要求下,攀登者从低海拔地形向高海拔山峰进行攀登的一项体育活动。需要很多专门的装备,如登山鞋、冲锋衣裤等。

潜水:泛指所有水面下活动。包含使用压缩机由水面供气的潜水、由潜水员自行携带呼吸系统的水肺潜水,以及不携带呼吸系统,仅使用轻装备的自由潜水。

冲浪：是一种冲浪者利用冲浪板越过涌起浪头的水上运动。主要的装备是冲浪板和系在脚上的安全绳。

2. 户外运动发展简史

户外运动起源于人类发展的早期阶段，是人们为了生存而在户外自发进行的活动，如采药、狩猎、战争等活动。

户外运动发展的第二阶段是在一些特殊的时期、地点，为特殊的目的而有意识地进行的野外生存技能训练。比如在二战期间，英国特种部队开始利用自然屏障和绳网进行障碍训练，其目的是提高野外作战能力和团队合作能力，这是人们第一次系统地把户外活动有目的地运用到实际中。

第二次世界大战后，随着战争的远离和经济的发展，户外活动开始走出求生和军事范畴，成为人类娱乐、休闲和提升生活质量的一种新的生活方式。1989年，新西兰举办了首次越野探险挑战赛，此后，各种形式的户外活动和比赛在全世界如火如荼地开展起来。欧洲每年都会举行众多的大型挑战赛。而在美国，户外运动的参与人数和产值都位居所有体育运动的第三位。

3. 户外运动经典赛事

（1）环勃朗峰越野跑赛[①]

环勃朗峰越野跑（The Ultra-Traildu Mont-Blanc，UTMB）始于2003年，是在阿尔卑斯山区举行的国际知名山地越野赛事，赛事的赛道横跨欧洲三国（法国、意大利、瑞士），全程约171千米，累计爬升约10,040米，被认为是世界上最难、规模最大的越野跑赛事之一。比赛每年举办一次，时间一般设置在8月

[①] https://utmbmontblanc.com/en/page/20/utmb%3Csup%3E%C2%AE%3C-sup%3E.html，https://en.wikipedia.org/wiki/Ultra-Trail_du_Mont-Blanc

的最后一个周末或9月的第一个周末。顶尖跑者有望在二十多个小时完成比赛，但大多数跑者要用上30～45小时才能跑完。比赛不设奖金，但获得参赛资格需要在资格赛中积累比赛积分，要求相当严格。2006年起，UTMB陆续增加其他赛事，目前开设的赛事有：

环勃朗峰超级越野耐力赛（166 km +9600 m），UTMB（Ultra-Trail du Mont-Blanc）；

库尔马耶乌尔—尚佩克斯—霞慕尼（101 km +6100 m），CCC（Courmayeur - Champex - Chamonix）；

萨瓦公爵之足迹（119 km +7250 m），TDS（Sur les Traces des Ducs de Savoie）；

奥西耶尔—尚佩克斯—霞慕尼（53 km +3300 m），OCC（Orsières - Champex - Chamonix）；

莱昂的小小漫步（大约300 km +28000 m），PTL（La Petite Trotte à Léon）；

马蒂尼—康贝—夏莫尼(40 km +2,300 m)，MCC（De Martigny-Combe à Chamonix）；

霞慕尼—库马约尔青年 (15 km +1,100 m)，YCC（Youth Chamonix Courmayeur）。

（2）斯巴达勇士赛[①]

斯巴达勇士赛（Spartan Race）是一系列不同难度、长度的障碍赛，起源于美国，迄今已有30多个国家和地区获得特许经营权。其系列赛包括：

斯巴达城市赛（The Spartan City），3~5km，20个障碍，在大城市举办；

斯巴达体育场赛（The Spartan Stadion），5km，20个障碍，在体育场举办；

斯巴达勇士竞速赛（The Spartan Sprint），5km，20个障碍，追求在短距离

---

① https://www.spartan.com/

内挑战速度和强度；

斯巴达勇士超级赛（The Spartan Super），10km，25个障碍；

斯巴达勇士野兽赛（The Spartan Beast），21km，30个障碍，有大量上升和下降；

斯巴达勇士极限赛（The Spartan Ultra），50km，60个障碍，以传统的超级马拉松为基础，融入障碍跑，是超长距离的极限运动挑战。

（3）China100越野跑赛[①]

China100是中国登山协会携手北京酷赛同策体育文化传播有限责任公司，于2014年推出的长距离越野跑系列赛。在中国各省市举办长距离越野跑赛事，一般在50～100千米不等。从2014年至今已经成功举办了17场百千米赛事。其中，China100（张掖站）、China100（贡嘎站）、China100（鸡公山站）已经成为国内外经典的超长距离越野赛事。为了更好地规范和推广该长距离越野跑赛事，2018年统一名称为"China100山地越野系列赛（省名地名）"。

2018年，China100山地越野系列赛（中国余姚）首次推出短距离（18千米）组别，真正实现了最高级别赛事与群众体验相结合的尝试。

4. 户外运动技能

（1）运动与技能

田径、游泳、球类等传统运动项目所需要的基础技术离不开跑、跳、投等技能。而户外运动项目的基础技术则是项目参与者在自然环境中抵御风险的技能，其中包含但不仅限于露营技能、方向判定技能、绳索保护技能、救援技能等。

[①] http://www.cmaar.com

（2）户外运动专项技能和基础技能

基础运动技术包括运动项目专项技能和运动项目基础技能。对于户外运动这一项目而言，专项技能与基础技能的定义如下：

第一，户外运动专项技能，是进行某项特定的户外运动所需的技巧和能力。目的是在该项运动上进行提高和精进。包括攀岩的脚法技术训练、自行车骑行的变速器使用技术等。

第二，户外运动基础技能是各种户外运动都需要的，在自然环境中如何生存、救助的相关技能。包括高海拔攀登时的营地生活露营、徒步穿越的方向判定、绳索在不同场景中的使用等。

二、什么是户外探索课程

1. 户外运动教育与课程的发展简史

户外运动教育的起源可追溯到英国。当时，英国的陆军中将贝登堡（Baden Powell）创立了童军（Scouting）运动，这是一个国际性、非政府以及非营利性的青少年运动组织，其目的是通过强调以实际的户外活动，包括露营、森林知识、水上活动、徒步旅行、野外旅行等，在身体、精神和智力上培训青少年，使他们将来能对社会做出贡献。1941年，犹太裔德国人库尔特·汉恩（Kurt Hahn）在英国创办了外展训练学校（Outward Bound School），这是户外运动教育的发展源头。

（1）外展训练学校（OBS）

库尔特·汉恩对当时的学校教育感到不满，认为学校教育不能为学生提供良好的成长环境。为了帮助青少年全面发展，发展社交能力，建立自我认同，汉恩成立了第一所外展训练学校，通过精心设计的活动发展学生的内在潜能，建立学生的自信和正向的自我形象。在实际教学上，发展出一套以经验教育为基础的模式，由领导者带领学生去完成一系列紧张、刺激又好玩的活动和任务。

（2）美国户外领导学校（NOLS）

1960年，英国外展训练学校的教育理念被美国引进。1962年，美国在科罗拉多成立第一所户外冒险学校。此后，美国的户外运动教育开始蓬勃发展。为解决训练员不足的问题，1965年，美国国家户外领导学校（The National Outdoor Leadership School，NOLS）正式成立。NOLS是一个非营利性组织，创校宗旨是减少野外露营时对环境的破坏，教学旅游技能，户外求生及安全技能，唤醒人们对环境的关注，注重团队互助，并致力于培训外展学校领导人才。

1971年，美国马萨诸塞州汉密尔顿-韦纳姆地区的高中开创了主题式冒险教育（Project Adventure，PA）。后来该项目获得了美国联邦政府教育局的资助，扩展到美国各地。这直接推动了户外教育纳入学校教育体系。主题式冒险教育强调学生之间的团队协作，共同学习，创造性的、高效的共同解决问题。

近年来，我国对户外运动教育的关注度和重视度得以提高，高校户外运动教育逐步活跃，内容逐渐丰富，形式日趋多样，许多大学开设了定向越野、拓展训练等户外课程，但由于其开展时间短，理论和实践尚未成熟，因此仍处于初级发展阶段。

2.北京大学户外运动课程

北京大学的户外探索课程以中华人民共和国人力资源和社会保障部社会体育指导员之户外初级指导员课程为基础，根据大学课堂教学实际发展演变而来。课程以户外运动项目基本知识和基础技能为主要教学内容，以培养学生参与户外运动及相关竞赛所应具有的身体素质、心理品质、人际交往能力、团队协作意识、环保意识及环保行为适应能力和一定的社会技能为目的，通过课程的教学，使学生掌握户外运动的基本知识、技能和技术，强健体魄，形成良好的行为习惯及健康的心理，全面提高综合素质。

户外探索课程的主要教学任务：通过体验式教学方法，使学生能够享受自然并感受户外运动的快乐。

① 通过户外运动基础知识的学习，使学生了解户外运动的基本概念，包括特点、分类、起源、发展以及户外运动的作用和意义，激发学生对户外运动项目的学习兴趣。

② 通过户外运动基础技术的学习和练习，使学生建立安全意识，掌握户外活动的规律和安全措施，并在实践中获得并理解户外运动的意义。

③ 通过对户外环境保护的学习，系统了解低冲击户外活动的原则，建立并提高环保意识，掌握环保方法，提高社会责任感。

④ 通过对徒步、露营、定向、攀岩等常见户外运动项目的练习和实践，了解并掌握这些运动项目的基本技能和技术，使学生了解户外运动的多项目构成特点。

⑤ 通过野外实践活动，培养学生吃苦耐劳精神、克服恐惧心理和抗挫折能力，锻炼勇敢顽强的意志品质，学会自我挑战，发掘自身潜能。

⑥ 在集体活动中培养学生人际交往的社会技能，团队协作等方面的能力得到一定程度的提高与加强，从而提高学生的综合素质。

⑦ 通过户外运动的教学比赛的参与，使学生了解并学会最好的团队表现才是竞赛的真正意义。

本书是在北京大学多年开展的相关户外运动教学实践的基础上编订而成的，涉及户外运动中的自我认知、生态保护、身体训练、基本装备、绳索保护、身体补给、地理勘察、野外宿营、医疗急救、总体计划、风险管理及户外领导力等多方面内容。

本书在编写过程中力求全面具体，以期帮助刚刚接触户外运动的读者树立正确的户外运动观念，建立系统、科学的户外运动知识体系。本书既可作为户外课程教材，亦可供希望系统了解户外运动的户外爱好者们参考。

思考题：

1. 户外运动是什么？它是如何发展而来的？
2. 竞技体育与休闲体育有什么区别？马拉松属于哪一种？
3. 户外运动有哪些经典赛事？
4. 户外运动的基础技能有哪些？

第2章
自知者明——户外运动自我认知基础技能

户外运动不仅是对身体素质的挑战，更要求具备强大的心理素质。要正确认识自身，既不骄躁，也不胆怯退缩，这样才能在保证安全的同时，享受突破自我的愉悦，实现身心的共同发展。

自我认知的概念来自社会心理学，是指个人对自己各种身心状况、人我关系的认知。人们伴随自我认知产生自我情感体验，进而产生各种思想倾向和行为倾向，进行自我调节和自我控制。在户外运动中，个体面对一系列困难与风险，需要有基于自我认知的判断，来调节身心状态，从而做出正确决策。这就要求个体具备正确客观地认识和评价自我的能力，主动自我反思，清楚自己的优势和劣势，保持冷静和清醒。参与户外运动的过程本身也是深化自我认知的过程，在团队协作与自我挑战中，我们能够发现自己的更多面，发展多方面的能力，不断完善自我，在户外运动中感悟人生。

户外运动自我认知基础技能要求我们了解在从事户外运动时，需要从哪些角度主动地进行自我观察和自我分析，并掌握一些自我调适的科学方法。

一、户外运动不同阶段的自我认知

在进行户外运动的不同阶段，因为面临的主要困难、希望达到的主要目的不同，所以主动进行自我认知和自我调节的侧重点也有所不同。

户外运动前：评估差距、端正态度、训练准备、制订策略。

户外运动中：调整策略、保持信心、精准止损、精神饱满。

户外运动后：恢复方案、精神升华、回到日常、调整训练。

在正式参与户外运动之前的准备阶段，我们需要对自己现阶段的能力和希望达到的目标做出评估，制订合理的训练计划。在训练期间保持良好的身心状态，认识自己的缺陷和可能出现的问题，考虑应对策略，尽量减少风险。

在进入户外环境，开展户外运动时，我们面临着更严峻的挑战，需要随机应变，解决遇到的问题，更好地完成本次户外运动。这就要求我们随时观察自己的身心状态，据此调整运动策略。在遇到问题时，保持冷静，采取能够最大限度减小损失的应对方法；保持信心，避免情绪崩溃，以饱满的精神状态作为支持去应对挑战。

当一次户外运动结束后，我们需要总结经验教训，让身心都得到调整和恢复，实现单次户外运动的收获最大化，为下一阶段的户外运动做准备。要以正确的态度面对过去取得的成功和遭遇的失败，保持平稳的心态。

二、户外运动自我认知的四个方面

以下从身体素质与技能、心理素质与情绪、团队角色、价值认同四方面讲解户外运动中的自我认知需要着重注意的要点。

1. 身体素质与技能的自我认知

不同类型、不同强度的户外运动对参与者的体能、技能有不同要求。我们需要了解自身的身体健康情况、体能状况与技术掌握情况，判断自己是否有能力参加某次户外运动。要尽量客观地做出认识和评价，切忌在好胜心理的驱使下高估自己。

注意：

人的身体状态是不断变化的，如果你已经长时间没有从事户外运动，那么不要轻易以从前的运动水平评估自己。

要了解自己的基本健康状况，定期进行健康体检，掌握自己的病史和常用药。充分重视身体出现的疼痛或其他不适，观察各种身体不适的诱发原因与发展过程，必要时可以积极寻求专业人员的帮助。如果身体有特殊状况，在参与集体活动时要告知组织者。

在日常训练时，要根据自己的身体情况制订训练计划，高效训练，避免受伤，养成观察和评估自我运动水平的习惯。在每次训练中观察自己的身体状态，并进行总结，基于身体反应调整训练计划。在进行身体训练时，我们需要寻找"超负荷"与"可承受"的临界点，了解何种程度的挑战是不会对自己身体造成伤害的。科学的身体训练能提高我们感知发力部位、控制身体的能力，也能让我们更敏锐地察觉身体出现的问题。此外，积极学习运动科学的相关知识也能帮助我们发现潜在的风险。

要明确自己的体能状况与对各项户外运动技能的掌握情况，了解自己擅长做什么，不擅长做什么。用平时训练的数据进行科学的指导是很必要的。运动水平评测能帮助我们了解自己的身体状态与运动技能掌握情况。一些专项户外运动有自己的等级评定体系，可以方便地测知自己的水平与变化情况。在每次训练中记录自己的状态、外部环境和距离、时间、难度等指标，有助于我们在面对一条陌生线路时，做出更准确的认知和判断。

如果要学习和运用某项技术，一定要在行动前全面复习，及时发现遗忘和疏漏，尤其需要重视那些不常用但在突发情况下特别必要的技术细节。要始终对技术保持尊重和敬畏。时刻谨记，户外运动中的技术疏漏有可能会使我们的生命处于极危险的状态下，甚至会失去生命。

在决定参与一次户外运动前，要结合此次运动的特性与自身身体状况做出决策，切忌逞强做自己能力达不到的事。

在进行户外运动过程中，要时刻关注自己的身体状态，基于自己的身体状态和技术能力决定是否进行某些活动，如果确需休息或帮助，要及时求援。一旦发生伤病意外，要有判断一般情况下的受伤程度的能力，从而做出决策，及时就医。

在户外运动结束后，仍要观察自己的身体状态，对自己的身体表现做总结分析。通过一次次的经验积累，你会了解自己的身体在各种情况下的耐受能力，对自己的能力做到心中有数。这能够有效缓解紧张情绪，让你更从容地面对新的挑战。

注意：

体力不支、失落崩溃时的自我调适方法

即使事先有充足的心理准备，在实际进行高强度、长时间的户外运动或身体训练时，依然有很多人会出现体力不支的情况，由此引发的情绪低落会进一步削弱体能，形成恶性循环。在户外遇到诸如天气突变、路况恶化、行程延长等突发情况时也极易诱发类似问题。不同性格、气质的人面对体力不支会有不同的情绪反应。要了解自己的情绪反应，探索适合自己的排解方式。

强化体能和户外技能是解决这一问题的根本方法，在体能足以应对所需的情况下，人们更容易保持情绪稳定。然而在参与富有挑战性的项目时，体能逼近极限是常态。当然，不要选择超出自己现有能力的项目。

在体力不支时，可以适当休息；如果条件不允许休息，要给自己积极的心理暗示：想想结束时可以给自己什么奖励，到达时能够做什么开心的事情；采用自我对话的方式，夸赞和鼓励自己，或者从队友那里获得鼓励；在难度较低的路段，不会因为走神而不慎受伤的前提下，可以通过谈话或听别人谈话来转移注意力。

不同人适合不同的鼓励方法。有的人会在"很快就到了"的暗示下走得更好，有的人则更希望对接下来的路程有准确的认知。

个人在产生强烈的不良情绪时，适时发泄是有效的。倾诉或者哭泣都可以起到缓解情绪的作用。但在团队层面，不良情绪的蔓延可能导致士气低落，需要有人承担引导、鼓励、控制场面的角色。

对自己的身体状态要做到心里有数，这样能在很大程度上减轻恐惧和焦虑。在大多数情况下，人们都能在感觉自己已经很累时继续走很久。在发现自己产生消极情绪时，要让自己冷静下来，保持对身体状态的清醒认知。往往情况没有想象的那么糟。

遭遇体力不支、失落崩溃这种情形未必是坏事。在较安全的环境中，有过一次这样的经历，能让我们对自己的体能状态和心理状态有更清晰的认知。当你最终坚持下来，成功达成目标时，会收获更强的成就感与自信，使身心得到磨砺。当我们再一次面对类似的"极限境遇"之时，就能表现得更加从容淡定，以更好的状态应对所面临的境遇。

2. 心理素质与情绪的自我认知

人的秉性、心理素质有个体差异，面对相似的情形，人们可能倾向做出不同的思考和选择。面对兼具风险与挑战的决策任务时，尤其如此。了解自己的心理素质类型，对自己的性格倾向性保持警惕，对自己做出准确定位，能帮助我们反思自己的思维模式，从而做出更优选择。

根据面对风险的态度的不同，户外运动参与者的心理素质类型可分为保守型、稳健型、激进型三类。三种类型之间的区分并不是绝对的，而是存在广阔的模糊地带。但是，了解自己的心理素质特点仍是必要的。

保守型户外运动者：思虑周全，对风险敏感，但也可能过高估计风险性，容易优柔寡断，回避挑战。

稳健型户外运动者：能对风险做出评估，不冒进，也不过分回避风险。

激进型户外运动者：勇于挑战，决策果断，但容易轻率冒进，低估风险。

通过对自身心理、行为的分析，以及与队友的深入交流，人们一般能够对自己的心理素质类型做出基本判断。

户外运动中有相当一部分是具有高风险性的极限运动，参与者大多富于冒险精神，挑战极限正是其魅力所在，也是达成优异成绩的前提。与此同时，还应充分评估风险和自身能力。勇于挑战不等于鲁莽自大，它应当是在对自身能力做出正确评估的前提下的坚定选择，而不是基于自我认知的偏差。高估自己的能力，或者心存侥幸，漠视风险，在户外运动中是常见且高度危险的现象，是安全事故的一大诱因。对于性格偏向保守的人来说，在确保自身安全的前提下，户外运动能够提供一些挑战自我的机会，磨炼勇气与意志力。这对于人的长远发展往往是有利的。

在选择队友组成队伍时，需要考虑群体心理素质结构。在性格和心理素质类型方面互补的群体可以弥补个人心理素质上的缺陷，大家取长补短，达到群体的效益最大化。户外运动中的团体协作、相互借鉴可以磨炼个体的心理素质，克服弱点，不断完善自我。

心理素质不仅体现在面对风险的态度上，还体现在个体的情绪反应与对情绪的控制上。在户外的严峻条件下，情绪不佳会显著影响个体身体状态和户外运动体验，队伍不团结更可能导致错误决策，使得团队或自己陷入险境。面对不良情绪，既要积极干预，也要悦纳自己。出现情绪问题是正常的，无论是积极情绪，还是消极情绪，都反映着个体的思维方式与真实体验，都是有意义的。理解和分析自己的情绪有助于我们更好地理解自己，进而完善自我。

情绪管理既指个体觉察自己的情绪，并对情绪进行反思、监控、处理的能力，也包括感知他人情绪，按社会认可的方式做出反应的能力。这要求我们识别自己的内心感受，培养驾驭情绪的能力，理解和体谅他人，在不同的外部环境中，采取恰当的方式表达和处理情绪，保持良好的情绪状态与人际关系。在群体中，要想维持内部团结和良性发展，也必须充分重视情绪管理。在户外运动中，尽量保持自身的良好情绪状态，帮助队友排解情绪也是每个成员的责任所在。

大家可以运用美国心理学家阿尔伯特·艾利斯（Albert Ellis 1913—2007）提出的情绪ABC理论反思自己的情绪。A（Activating events）表示诱发事件；B（Beliefs）表示信念，即个体对此事件的看法和解释；C（Consequences）表示情绪及行为结果。导致C的往往不是A本身，而是B。对一件事做出何种情绪反应取决于个体如何认知这件事。持续的情绪困扰是因为个体不断用内化语言重复某种不合理的信念。不合理信念有三个主要特征：绝对化的要求，难以接受事物发展与自己的绝对化要求相悖；过分概括化，以偏概全，例如，因个别失败而判定自己毫无价值；糟糕至极，认为一旦不好的事情发生，就会导致灾难性后果。

要管理自己的情绪，就需要找出并改正这些不合理信念。我们可以用理性思维对原有信念B进行反思和驳斥，得出对A的新想法，通过这种自我纠正，克服不良情绪。

此外，团队内的交流、倾诉，可控的发泄，转移注意力等手段都可以帮助排解情绪。寻求专业人士帮助，进行心理咨询或心理治疗也是非常有效的处理方法。

3.团队角色的自我认知

户外运动常常是以团体的形式组织起来的。因性格、经验、与各成员的关系不同，所以团队中的每个成员都会扮演自己的角色。一个优秀的团队往往拥有合理的角色构成，这种角色构成是在团队相处和共同行动的过程中自然、自发地形成的。根据《体育管理学》书中所述，一个团队中一般会有8种不同的角色。

实干家：优秀的自控力和纪律性，崇尚努力，重视团队利益，有组织能力。往往现实、传统甚至保守。

协调员：富有个性感召力和领导力，能够引导不同成员向共同的目标努力，发现每个人的优势，促进团队协作。冷静自信，广受尊敬。

推进者：自发性强，办事效率高，有热情和责任感，具有竞争性和创造性。可能过分争胜，缺乏相互理解，对团队中的低效、失望或失败反应强烈。

智多星：具有高度的创造力和想象力，思路开阔，爱出主意。可能存在挑战既有秩序、轻视规则和细节、个人主义、不擅协作等问题。

外交家：热情外向，善于交际，能发现新事物，往往对外部变化敏感。可能存在热情消退后失去兴趣的问题。

监督员：严肃理智，重视规则，谨慎决策，考虑周全，判断能力强。可能会与团队保持一定距离，不擅交际，不善于鼓舞他人。

凝聚者：合作性强，性情温和，能轻易融入群体，听话，受欢迎，但缺乏做决断、承担压力的能力。

完善者：有毅力，重细节，追求完美，内驱力强，喜欢事必躬亲。容易焦虑，可能吹毛求疵，缺乏包容性。

团队中的角色位置不是固定的，一个人可能同时兼具多种角色特质，也可能在队伍中同时扮演多种角色。成熟团队中的角色是具有弹性的，在某个角色缺位时，成员能够主动实现角色转换。团队中的个人要对自身的特质与价值有所认知，发挥个体优势，认识到自己容易犯的错误，明确自己在团队中的角色，做好职责范围内的事，同时关注团队的整体情况，促进团队协作。

对于所有成员而言，必须具备的团队意识：平等待人，尊重差异；互帮互助，各尽所长；责任共担，利益共享。

由于户外运动的特殊性，如果在野外环境下出现队伍破裂、队员落单的情况，可能造成极其严重的后果。在生命面前，任何人际矛盾都应暂时搁置，避免局势失控，导致不可挽回的损失。

4. 户外运动中的价值认同

户外运动中的价值认同是指个体对户外运动的动机、兴趣、目的、收获等方面问题的认知。有的人走进户外，仅仅是希望欣赏自然之美，放松心情；有的人是为了挑战自我，追求极限，享受快感；有的人是为了在户外运动的过程中磨砺意志，完善自我；有的人希望超过身边的人，在户外运动中寻求成就感；有人赋予户外运动以崇高的意义，希望洗涤灵魂，开辟心灵的圣土……种种复杂的动机都能在多种多样的户外运动中得到满足，这也正是户外运动的魅力之所在。户外运动爱好者是一个极其多元的群体，多聆听他人的经历与感悟，会让你对户外运动，对自然，乃至对人生有更深刻、更丰富的理解。

我们应当尊重各种价值理念和价值选择，也应明确自己希望在户外运动中获得什么。基于不同的价值认同，在选择从事何种户外运动、投入多少精力与财力、追求怎样的目标、如何处理团队关系等方面，人们会有不同的选择。要想清楚自己的态度是什么，自己的实际行为选择是否合乎本心，确保头脑清醒，避免鲁莽决策，事后后悔。

古语说"自知者明"，可真正了解自己是相当困难的，我们需要大量的经验积累与深刻的自我剖析，不断发现隐藏在心灵深处的自我。

思考题：

1.户外运动的前、中、后三个阶段，自我认知的重点分别是什么？

2.思考你的体能状态、对各项技术的掌握情况，试着为自己列出一份身体素质与技术掌握情况评估表。

3.在团队中，你倾向和适合承担8种角色中的哪一种或哪几种？你会如何处理自己与团队的关系？

4.你是如何理解户外运动的？你参与户外运动的动机是什么？在参与过程中，你有什么理解和收获？

第3章
一花一世界，一草一段情——户外运动生态保护基础技能

地图上未标记出的路线、人迹罕至的深山老林、傲然挺立的山巅都让户外运动者兴奋不已，但是每一位负责任的户外运动者都必须明白：荒原是圣洁的，是我们必须保护的珍贵资源。

人类文明从出现之日起就面临着如何处理人与自然关系的问题。原始部落中的自然崇拜既富有神秘色彩,也蕴含着人类对自然万物的敬畏与相处之道。在我国,《诗经》中即有"怀柔百川,及河乔岳"的说法,减少对自然的过度侵扰,系统管理保护山林川泽的观念古已有之。在西方,古希腊政治家即有保持水土,限制垦殖的举措。工业革命以后,现代文明的飞速扩张使得环境污染问题日益严峻,生态破坏触目惊心。现代自然主义与环境保护思潮兴起。时至今日,寻求绿色、环保、可持续的生产方式与生活方式已经成为人类的共识和共同的奋斗方向。

参与户外运动就要走入自然,在享受自然赐予的美好环境的同时,如何守护自然,减小户外运动对环境的冲击是需要我们充分重视、积极面对的问题。近年来,我国户外运动产业蓬勃发展,参加户外运动的人数持续上升。然而,"户外热"的另一面是环保理念尚未深入人心,相关法律法规、监管体制有待完善。一些人欠缺环保意识,以走向户外为名,乱扔垃圾、砍伐树木、破坏生态,对周边的自然环境如地表土壤、动植物、水体环境、大气环境等造成了污染和破坏。一些人虽有保护环境的想法,但欠缺相应的知识技能,未能掌握在进行户外运动之时最大限度保护环境的科学方法。

世界之巅珠穆朗玛峰本是纯洁的雪山圣地,却因人类的频繁活动而深陷环境危机。2018年,珠峰高山环保大队在珠峰保护区海拔5200米以上清理垃圾约8.4吨,而清理人员所能抵达、收集的垃圾仅仅是人类遗留在珠峰上的所有垃圾中的一小部分。其他人类活动较多的山区堆积的垃圾也同样数量惊人。这不只是大自然的悲哀,也是真正热爱自然的户外运动者们的悲哀,甚至可以说是人类的悲哀。

为了寻求户外运动与环境保护的和谐统一和可持续发展，树立户外运动中的环保意识，普及户外运动生态保护基础技能至关重要。

一、无痕山野法则概述

无痕山野法则即LNT法则，LNT为英文"leave no trace"的缩写，字面意思是"不留痕迹"，引申义为"只带走照片，也只留下脚印"。LNT法则的核心是推广户外运动的道德行为规范，致力于引导全球范围内的人们在户外活动中共同承担责任，通过科学的方法和道德教育，在各种类别的户外休闲和活动中切实做到对自然资源的保护，将人们在享受户外活动时对环境的冲击降到最低。

LNT在20世纪80年代发端于美国，最初它是一项面向公众的户外运动道德和技术的教育项目，基于美国林业局、美国联邦土地管理局、非营利教育组织以及户外娱乐产业之间的伙伴关系。它的任务是通过培训、出版物、录像和网络等各种形式发展国家范围内对"低冲击户外"的认识，向娱乐资源的管理者及大众传达低冲击户外运动的教育信息和相关技术。它的主要工作是通过教育、研究和参与，促进与鼓励负责任的户外活动。

LNT的项目包括教育游客不要乱扔垃圾、用便携炉替代营火、正确处理人类的排泄物等。培养符合LNT原则的户外习惯可以有效减轻户外活动对自然环境的影响。

本章介绍LNT的一般法则，它适用于任何类型的户外活动，是全球通用的保护环境方法。它与急救、导航等一样，都是户外活动最基本、最重要的技能，需要在实践中充分练习，熟练掌握。

二、无痕山野法则具体要求

无痕山野法则（LNT）经过两次修订，现有以下7条：

1. 提前计划与准备。
2. 在可耐受地面行进和露营。
3. 妥善处理垃圾。
4. 保持自然原貌。
5. 野外用火。
6. 尊重野生动物。
7. 为其他人着想。

1. 提前计划与准备

要想最大限度地降低人类户外活动对环境的影响程度，任何户外活动都需要提前做好计划和准备，了解当时当地环境保护相关的规章制度。对有可能发生的情况做充足的准备，户外者要做到目的明确、行动果断。拖沓、犹豫不决的户外行动不仅更容易对户外环境造成破坏，也会影响户外活动的兴致，增加户外活动的风险。

提前计划与准备要做到不盲目、不违规、不浪费、有准备，具体包括以下内容：

了解目的地的相关规定与特殊须知，并评估活动风险。

控制户外活动团队的人数，规模过大的团队往往安全风险更高，会产生更多噪声，造成更大的环境破坏。

了解团队的共同期待和能力，不要做超过团队能力的事。

计划行程，避免仓促行进。

为极端恶劣的天气、危险和紧急情况做好充足的准备。在紧急救援中，为拯救生命，往往会造成更大的环境破坏。

提前计划好食品的数量并对其进行简单处理，如尽可能地拆掉不必要的包装，使用集中包装以减少垃圾的生成等。

使用地图和指北针定位，避免沿途进行制作路标、插标志旗或垒石头标记等会在环境中留下痕迹的行为。

计划好行进路线和宿营地。

提前准备合适的装备。

注意：

不留痕迹的装备

挑选合适的衣物和装备是不留痕迹的重要前提。使用炉具和携带足够的衣物，避免在野外直接生营火。

自带大容量水袋或水壶，避免使用野外水源，从而造成污染。

帐篷、背包、衣物尽量选择自然色调，不要用过于鲜亮的颜色。

厚重的硬底鞋会对土壤与植被造成很大伤害，在营地活动时，请穿凉鞋或软底鞋。

带一把轻巧的铲子，以便处理排泄物，或使用垃圾袋将排泄物带离。

2. 在可耐受地面行进和露营

尽量沿着岩石路面或现成的山径行走，在干草地、雪地或其他现成、固定的营地露营。

（1）使用山径的原则

山径就是荒野行进的公路，成熟的山径能耐受登山者的踩踏，不会对现有环境造成破坏。具体原则如下：

无论何时何地，都尽可能行走在现有的步道上，不要贪图一时方便而"另辟蹊径"。

尽可能走在道路中央，不要随意踩踏山径外的区域。如果遇到泥泞路面，可以穿着雪套或绑腿行进。

保护路旁植被，不要并行，不要随意拓宽山径。

在团队行进时，最好沿着唯一路线行进。

尽可能选择可耐受的地面行走，如岩石裸露地或碎石坡。

在人迹罕至的地方，尤其是容易受损的草地上行走时，要尽量将行走路线分散开来，避免对同一地面造成过大冲击。

如遇到刚被破坏的道路，应尽量避开。

保持缓慢的速度，随时留意周围环境，选择对环境破坏最小的路线。

不要沿路堆石堆，更不要在树上刻字。请在回程时拆除去程所做标记。

（2）选择营地的原则

尽量使用那些使用过的、地表坚硬的营地，拒绝在那些虽有较佳视野或接近水源，但更容易产生人为破坏的地方扎营。

选择可耐受的地面作为露营地，至少离水源、溪流60米以外。

如果选择营地的地点是原始环境，建议每隔两天挪动一次营地位置。

尽量选择现成、固定的营地。

好的营地是发现到的，而不是创造出来的。

尽量把营地建得小一些，选择无植被地区作为集中活动区域。

如果团队人数较多，建议分区域露营，避免大队伍全部集中驻扎在一起。

选择营地指南

排序 （从适合到不适合）	扎营地点	理由
①	开发成熟的现有营地	只要不扩建或不改造，使用地面已经变硬的现成营地便不会对环境造成影响

续上表

排序 （从适合到 不适合）	扎营地点	理由
②	雪地	雪融化后，使用痕迹会随之消失。在雪地扎营时，要远离植被和未被积雪覆盖的土壤，离开时，将其恢复原貌
③	岩面	除了火烤外，坚硬的岩石可以承受大部分伤害
④	沙地、泥地或碎石地	绝大部分使用痕迹都可以被清除
⑤	森林中的酸性腐殖质层	只会造成轻微影响
⑥	有植被覆盖的草地	草地较脆弱，请每隔一段时间移动一次位置，避免对同一片植被造成难以恢复的破坏
⑦	林线上有植被覆盖的草地	高山植物生长速度缓慢，恢复能力差
⑧	湖泊或溪流沿岸	水滨植物非常脆弱，且人类活动易污染水源

3. 妥善处理垃圾

在户外活动中产生的垃圾主要包括食物残渣、排泄物以及其他生活废物。对于人为产生的垃圾，我们遵循一个原则——带来什么，带走什么。

为了减少对环境的破坏，人类户外活动产生的食物残渣应全部收集储存，并在撤离时全部带走。如果条件允许，一些可以降解的食物如果核、果皮等也应全部带走。因为在自然条件下，虽然这些物品可降解，但降解速度较慢，仍会对环境产生影响。

在户外，尤其是在高山、沙漠等地，人类排泄物的分解速度很慢，甚至根本不会分解。因此，在户外如厕时，尽量使用现有厕所，或修建临时厕所，挖坑掩盖排泄物，有条件时，还应把排泄物背出山林。厕所的位置也应距离水源、营地、山径和人群聚集区60米以外。

在裸地和岩石上小便时,不要对准植被,因为人类尿液中的盐分可能会损害植被,或是吸引动物舔食,从而间接损害植被。

在撤营时,需掩埋临时厕所,并将其恢复原貌。

在野外生活,要尽量少使用洗洁精、肥皂等清洁用品,可适量使用挥发性、可降解的清洁剂。

切勿直接在水源中洗漱、清洗衣物或洗菜等,如需用水清洗,须将水带离水源60米以外,并将污水分散倒在离营地和水源60米以外的区域。

注意:

猫坑掩埋法

猫坑掩埋法最适合在低海拔且有较厚腐殖质层的地方处理排泄物。请尽量寻找一个合适的地方挖掘猫坑。经验告诉我们:如果你能轻易找到一个地方,别人也一样能。走得远一点,避免出现排泄物集中的情况。当你找到一个适合的地方时,先用铲子和冰斧将草皮或地表整理出一个直径为10~15厘米的圆形区域,再将表层草皮移开放到一边。猫坑的深度不要超过20厘米,大体和腐殖质层相当,因为腐殖质层中物体的分离速度最快。

方便完后,用松软的土壤把排泄物盖上,用棍子或铲子稍加混合,接着把草皮盖上。最后封好猫坑,整理附近植被,尽可能恢复原貌。在贫瘠的矿物质土壤地带、高山岩石区等,排泄物不易分解,最好带走排泄物而非掩埋。同样的,猫坑掩埋法也不适合在雪地上使用,除非雪地下有矿物质土壤。

4. 保持自然原貌

所谓自然原貌,既包括自然生态,又包括一些文化古迹。我们在户外活动中往往会经过一些人烟稀少或历史古迹等值得停留的地方,对于这些美景,我们可以欣赏,可以用相机、画笔等将其记录下来。但在享受的同时,我们也一定要遵守保持自然原貌的原则，切忌攀折植物、刻画岩石，这样才能使更多人可以欣赏到同样的美景。

在营地活动的时候，要尽可能选择穿着重量较轻并且鞋底较平、较软的鞋子，如凉鞋、拖鞋或者慢跑鞋，以减少踩踏对土地的冲击。

当遇到诸如文化遗迹、历史遗迹、人造雕塑、建筑时，在未经允许的情况下，不要触碰，更不可踩踏。

当发现奇花异草、怪石等自然物体时，不要触碰、挪动，更不可将其据为己有。如果发现化石或史前人类遗迹，请不要触摸和移动，应及时向当地管理单位报告。

不要在途中或营地建造一些物品，如木桌、小凳子等。不要在营地挖沟、建庇护所等。

撤营时，将使用过的石头等归至原位。

5. 野外用火

在野外活动中尽量不要用火，更不要砍伐树木来生火，因为生火对自然环境和地面的冲击是非常大且持久的。一次生火之后，它的痕迹可能几十年都不会消失，火对土壤造成的永久性伤害可以深达10厘米。在户外活动中，使用合适的炉头套锅生火做饭，使用头灯或蜡烛照明，晚上穿足够御寒的衣服，使用帐篷，用一个好睡袋保持温暖与干燥，而不要轻易使用营火。

在要使用柴火的情况下，首先要确定你所在的地方是否允许，以及当时是否是防火季节。

优先使用自带燃料，其次寻找倒木当作燃料，而不是去砍伐活树，理想的燃料是比手腕细的树枝或树叶。

在点火的时候，要选择把火生在有生火痕迹的中心区域，尽可能缩小引火范围。

在燃料全部燃尽，全面熄火以后，将冷却的炭灰分散撒在草丛中。

不要吸烟，更不能随地乱扔烟头。烟草本身会带来"毒"害；醋酸纤维塑料做成的烟头不可降解；使用过的烟头包含铅、汞、砷、丙酮、氯乙烯、甲醛、氰化氢等有害物质；未完全熄灭的烟头可能引发山火。

6. 尊重野生动物

动物是大自然的精灵，我们应该尊重在户外活动中遇到的所有野生动物，尽量不去打扰它们，与它们和平共处。

在观察野生动物时，要与其保持一定距离，不要跟随或靠近它们。

绝不喂食野生动物。一方面，人类给动物留下的食物可能会威胁动物的健康；另一方面，喂食过多会使动物对人类形成依赖，使其失去生存的本能。

在营地，要把食物和吸引物放到安全位置，避免让当地的野生动物养成造访营地的习惯。

要注意保护水源，保护动物赖以生存的源泉。不论你是否看到了野生动物，都应该意识到，你的短暂造访不可避免地影响着当地的野生动物。当你在离水源不远的地方扎营时，尽量只来回水源一次，以减少对野生动物的干扰。

在动物的敏感期更不可打扰它们，如交配期。

管理好自己携带的宠物，或把宠物留在家中，即使是最温顺的宠物，也会惊吓到野生动物，如狗的出现会让其他小型野生动物恐慌得四处逃窜。

7. 为他人着想

在户外活动开始前，应充分了解当地的风土人情，尊重当地的民族风俗，尊重他人的生活习惯与习俗。宿营区域的娱乐尽量不干扰他人，把声音以及视觉上的干扰减到最低，尽量保持大自然以及营地的宁静。

尊重其他活动者，使别人的户外体验不受影响。

谦虚礼貌，礼让途中遇到的其他队伍。

在休息或露营时，应避开步道或其他队伍。

不大声喧哗、呐喊，如果想听音乐，请戴上耳机。

户外运动的内在精神是对自然的尊重与敬畏，而非自以为是的征服与挥霍。尊重自然、爱护自然、保持生态的平衡是户外爱好者义不容辞的责任。不管是在城市，还是在户外，都应保有对自然的敬畏，树立环保意识。我们应该从自己做起，践行LNT原则，在自己力所能及的范围内宣传环保，通过实际行动来影响他人，传播正确的环保理念。

思考题：

1.简述无痕山野法则的主要内容。

2.学习户外生态保护技能的意义是什么？

第4章
进无所疑，退无所匮——户外运动身体训练基础技能

随着社会文明的进步，人们开始更多的追求身心健康享受人生乐趣。许多运动项目，如登山、攀岩、潜水等是实现这个目标的重要方式之一，它具有健身性、娱乐性、思想性等多方面的作用，而且可以改善人们的生活习惯，培养高尚品格，对社会的良性发展有积极的调节作用。但实施这些运动项目都需要有个好体能、好力量、好技术。因此，良好的身体素质是从事各类户外运动的基础。户外运动的日常训练、行前准备、运动实践、事后休整等各个阶段都要求掌握科学的身体训练基础技能。

对于户外运动的参与者来说，进行身体训练非常必要。科学的身体训练能够改善肌肉协同机制，从而更好地发力和完成特定动作，避免受伤。户外运动中可能面临种种突发状况与严峻的自然环境，参与者需要具备良好的身体素质，才有可能应对各种挑战，保障自己与队友的安全；需要有充沛的体能作为后盾，才能充分享受户外运动带来的乐趣。此外，身体训练有助于培养强大的心理承受能力与面对困难的坚强意志，这也是从事户外运动必不可少的。

户外运动往往具有综合性，需要调动整个人体动作系统。户外运动身体训练要求制订全面的、综合的训练计划，促进身体各种机能协同发展。与此同时，也应重视户外运动的特殊性，确定自身目标，进行有针对性的专项强化训练。户外运动身体训练中需要格外重视的问题有：核心力量与身体稳定性、长距离背负能力、长时间从事户外运动的耐受能力等。

人工训练场仅能满足部分基础体能训练的要求，从事户外运动所需的经验、技能往往需要从实践中获得。经验技巧的积累能够帮助参与者稳定心态，节省体能，让他们在户外运动中有更好的表现。一份完整的户外运动身体训练计划还应包括在自然环境中的长时间活动。

例如，如果你希望从事具有挑战性的长距离徒步、攀登雪山一类的户外运动，事先开展适当的野外拉练甚至冰雪训练是很有必要的。特定的活动也能更有效地锻炼你所需的肌肉，但同时仍应牢记，基础身体训练依然至关重要。

与常规的运动表现训练相似，户外运动身体训练包括耐力训练、力量训练、柔韧性训练与损伤预防四个基本组成部分。本章节将从这四个方面介绍基础的身体训练方法。

注意：

从具体训练项目来看，耐力、力量、柔韧、损伤预防四部分各有侧重，又有相互重叠的部分，四者无法完全割裂。一项运动可能同时增强力量与耐力；柔韧性训练对力量训练会产生影响；良好的耐力、力量、柔韧性有助于预防损伤，只有以正确的、避免损伤的方式进行训练，才能有效发展耐力、力量与柔韧性。人体是一个精密的整体，各个部分、各种机能之间关系密切。

任何单次训练都应该包括热身、正式训练、拉伸放松三个基本环节。热身与拉伸可以减少运动损伤发生的概率，缓解肌肉疲劳带来的不适。

一、耐力训练：能量代谢系统训练

人体进行运动所需的能量由三磷腺苷（Adenosine Triphosphate，ATP）提供。它源于人摄入的食物，以有氧和无氧两种方式生成，在这个过程中，有以下三种代谢系统发生作用：

有氧系统，呼吸氧气—进入肺部—进入血液—进入肌肉—氧化碳水化合物和脂肪—产生ATP。

糖酵解系统（乳酸系统），肌肉收缩，肌肉和肝脏中以糖原形式储存的葡萄糖被分解成乳酸，产生少量高能量ATP分子。

磷酸肌酸（CP）系统，ATP被分解并释放能量，CP分子中的能量迅速转移到二磷酸腺苷（Adenosine Diphosphate，ADP）中，ADP被附着一个游离的磷酸分子，形成新的ATP。

有氧供能系统比无氧供能系统效率更高，产生的废物是水和二氧化碳。而无氧供能系统则会生成乳酸，当乳酸生成速度过高，人体会出现明显的疲劳状态。在任何时候，三个代谢系统都在持续发挥作用，而随着运动持续时间与运动强度的变化，发挥主导作用的能量系统也会发生变化。

进行能量代谢系统训练的目的是提高最大摄氧量与细胞的有氧供能能力，提高无氧能量系统上限，从而提高能量转化效率，延缓机体进入疲劳状态，预防运动损伤。通过训练，心脏泵出功率提升，更高训练强度对应相对较低的心率水平，机体能够承受更高强度或更长时间的训练。同时，训练能够刺激无氧和有氧代谢能力的提升，提高抗疲劳能力与耐力。这对于提高人体运动表现具有重要意义。

1. 心率公式与训练心率区间

使用公式估算心率，通过特定心率区间控制训练强度，是监测能量代谢系统训练的常用方式。需要注意的是，这一公式反映的是对应人群心率的平均值，实际应用中需要考虑个体差异。心率公式与心率区间仅仅是可供参考的训练工具，个体在训练中的实际感受也应被充分考虑。

最大心率（HRmax）的简单估算方法仅引入年龄作为变量：

$$HRmax = 208 - (0.7 \times 年龄)$$

在此基础上，可以简便地估算目标训练心率（Target Heart Rate，THR）区间：

$$THR = HRmax \times 训练所要求的百分比$$

卡式公式法是一种更精确地估算THR的方法，它引入了静息心率作为变量：

$$THR = [208 - (0.7 \times 年龄) - 静息心率] \times 训练所要求的百分比 + 静息心率$$

在一定程度上，静息心率随身体素质水平的变化而变化。经过良好训练的运动员静息心率显著低于人群平均水平——运动员的静息心率可能达到40次/分，而在一般人群中，静息心率通常为60~90次/分。在更低的静息心率水平下，要使心率上升到目标心率水平，可能需要更高的训练负荷。

根据《NASM-PES美国国家运动医学学会运动表现训练指南》所述，训练心率区间要求的百分比如下表所示。

训练心率区间表

训练区间	心率公式	目的
第1区间 65%～75%	估算的 HRmax × 0.65 或 0.75	第1区间的训练建立一个有氧基础，这对于提高心肺能力是至关重要的。提高的心肺能力可以影响人体储存和运输氧气和营养物质以及产生能量的能力。它用于热身和恢复
第2区间 76%～85%	估算的 HRmax × 0.76 或 0.85	第2区间通过混合能量系统的训练来提高无氧和有氧能力。运动员可以通过长时间将心率保持在该区间来锻炼腿部力量和代谢能力
第3区间 86%～95%	估算的 HRmax × 0.86 或 0.95	第3区间仅用于间歇训练。反复让肌肉进行高强度运动有助于提高速度、爆发力、代谢水平和无氧能力，同时提高抗疲劳能力。运动员将能够更长时间地维持特定的运动强度，提高耐力

在制订训练计划时，从心率区间的下限开始，逐渐提高训练强度，能够使得训练更容易被接受。目标训练心率区间在控制间歇训练强度时也发挥着重要作用。

2. 稳态训练

能量代谢系统的训练方式可分为稳态训练与间歇训练两类。稳态训练强调有氧系统长时间供能的能力，间歇训练则强调从剧烈运动、高心率中恢复的能力。一般而言，间歇训练是更节省总时长的训练方式。采用不同方式刺激能量代谢系统有利于形成更高水平的训练适应，提高整体耐力与在不同运动要求下的适应能力。

稳态训练是指使用一致的强度持续进行的训练。基本保持稳定的运动速度或心率。长距离慢速运动一般采用较低的训练强度，要求训练者达到计划的时间量，这可以有效提高最大有氧能力。而用最大心率速度百分比控制训练强度则可产生不同的训练压力。常用的稳态训练方法有匀速跑、匀速负重爬升、匀速长距离游泳等。

3. 间歇训练

间歇训练由多组重复运动构成，每组运动之间设定休息时间进行被动恢复（完全休息）或主动的低强度恢复。可以通过改变运动强度、运动时间与休息时间的比例来控制训练强度。

这种训练方式不能完全替代传统的稳态训练，但在提高训练时间效率、诱导细胞的有氧供能能力提升、训练恢复能力与抗疲劳能力等方面具有优势。间歇训练更多针对代谢能力而非肌肉量，有时也会在抗阻训练中加入高强度间歇训练，以在短时间内提供更大运动量。

根据训练强度的差别，间歇训练可分为中等强度间歇训练与高强度间歇训练（High Intensity Interval Training，HIIT）。中等强度间歇训练不追求每次训练达到体能极限，适合训练初期或是恢复期。高强度间歇训练则追求单组训练达到极限，要求以最大摄氧量90%或以上的强度进行短时训练，反复冲击能量代谢系统极限。这种训练方式具有相当强的挑战性，需要有充足的准备与恢复时间，更适合已经具备较好运动基础的个体。初学者也可以偶尔尝试高强度间歇训练。

高强度间歇训练的一种典型模式是温盖特测试（Wingate test）的一种变形，这种测试方法在20世纪70年代由以色列温盖特研究所运动医学部研发，用于运动员无氧能力评估，借助功率车进行最大能力测试，在30秒之内测量参与者的峰值功率、平均功率和疲劳指数。它在HIIT训练中的应用形式是30秒极限训练（心率达到第三区间）后安排4分钟恢复，连续重复进行4~6次。这对于初学者来说是相当困难的。

另一种常用的间歇训练模式则相对温和，降低每组的训练强度而延长训练时间，在2~3分钟的间歇中安排低强度恢复训练或完全休息，基本保证1∶1的锻炼休息比。

HIIT训练示例（不含热身、拉伸环节）：
深蹲跳×15个
波比跳×12个
高抬腿30秒
开合跳30秒
休息2~3分钟，重复3组。

反复冲刺是间歇训练的一种，这种训练由短距离冲刺与一定休息时间构成。在训练者可以承受的范围内，逐步增加冲刺距离和缩短休息时间，提升训练强度。它旨在提高训练者的爆发力与耐力，对训练者身体素质要求很高，需要在充足的稳态练习与相当长时间（至少两个月）的中高强度间歇训练之后进行。

对于从事户外运动者来说，耐力训练可以选择更接近户外实际的实用训练方式。在个体感受方面，负重状态下的长时间运动与不负重存在一定差异，而野外环境中的感受与在田径场上训练也有不同。有必要在平时训练中增加与将要从事的户外运动对应的项目。例如匀速或变速的负重爬升，在野外环境中或者接近野外环境的坡地上开展的匀速或变速训练，以及人工和自然岩壁上的攀岩训练等。

注意：

在进行负重训练时，可以采用"负重上升＋空身下降"的模式，以减轻下降过程对关节的冲击。

二、力量训练：肌肉力量提升

力量训练是人体克服阻力，提高肌肉力量的运动方式，包括非器械力量练习和器械力量练习。运动过程中的肌肉表现受多种因素的影响，这些因素大致可以划分为肌纤维产生内部张力的能力，以及中枢神经募集肌纤维、控制肌肉的能力两方面。以科学的力量训练帮助训练者形成更强的协调能力、稳定性与适应能力，这有助于预防运动损伤，提高运动表现。

力量训练应当具备适当的挑战性，在超负荷且可承受的范围内提供刺激，使得人体逐渐适应。多样化、周期化的训练计划能更有效地促进运动能力的协调发展，更好地达到逐步适应更高强度训练、防止损伤的目的。此外，根据个体的适应能力、身体基础设计个性化的训练计划非常重要。

力量训练的负荷强度大小通常采用最大重复负荷（Repetition Maximum，RM）来表示。最大重复负荷即采用某种负荷进行力量练习时，能够重复的最多练习次数。人们可以根据训练目标，设定训练的负荷、重复次数、组数与休息时间。

注意：

若某人采用a kg的负荷最多能完成1组卧推训练，那么对他来说，该动作的最大重复负荷为1RM=a kg。若他采用b kg的负荷最多能完成6组推举训练，则有6RM=b kg。

稳定性／力量耐力：12～25次，1～3组，（50%～70%）×1RM，慢速，

30～60秒间隔。

肌肉肥大：8～12次，3～4组，(75%～85%)×1RM，中速，45～90秒间隔。

最大力量：1～5次，3～6组，(85%～100%)×1RM，中速，120～180秒间隔。

爆发力：1～10次，3～6组，(30%～45%)×1RM 或≤10%×体重，快速，180～300秒间隔。

在训练安排方面，出于提高训练效率，延缓疲劳和防止代偿的目的，更常用的方法是循环训练法（垂直负载训练）：交替训练不同的身体部位，完成一组之后再进行循环。这能最大限度地为每个身体部位提供恢复时间。

集中训练某个大肌群，在不同训练日对不同部位轮流进行训练，这是另一种常见的训练方法。设置间隔2～3天的循环训练，有利于大肌群的恢复与力量提升。

1. 核心力量与稳定性训练

"核心"是指人体腰椎—骨盆—髋关节复合体（LPHC, lumbo-pelvic-hip complex），核心肌肉是包括腹肌、髋部肌群、脊椎、骨盆肌肉在内的29块肌肉。维持基本运动动作中的躯干稳定、产生爆发力并传递到四肢，实现加速、减速与姿态控制，均需要核心力量的参与。良好的核心稳定性是高效运动的基础，也对降低整体损伤风险至关重要。

大多数运动训练方案都将核心力量训练置于相当重要的位置。在户外运动中，背负、爬升、下降等基本动作都需要足够强大的核心力量——它在提供稳定的支撑，增强平衡能力与应变能力，优化落地动作与防止关节损伤等方面发挥着重要作用。全面的核心力量训练包括对核心稳定性、核心力量、核心爆发力的综合训练。

（1）核心稳定性训练

在核心稳定性训练中，脊柱与骨盆几乎不运动，训练重点在于感受并保持核心肌肉紧绷，运用肌肉力量稳定躯体。典型训练动作有平板支撑、臀桥、俯卧伸展、四足跪姿及以上动作的各种进阶动作。

注意：

平板支撑等稳定性训练需要确保核心收紧，肩部关节稳定，避免下背部弓起或肩部代偿。

核心力量训练与核心爆发力训练的大多数动作也要求核心稳定性。

平板支撑：八级腹桥、动态平板支撑、平板支撑伸髋、平板支撑髋外展、支撑交替摸肩、平板支撑开合跳、侧向平板支撑髋外展、侧向平板支撑肩外展……

动态平板支撑（1）

动态平板支撑（2）

动态平板支撑（3）

动态平板支撑（4）

动态平板支撑（5）

平板支撑伸髋（1）

平板支撑伸髋（2）

交替支撑摸肩（1）

交替支撑摸肩（2）

交替支撑摸肩（3）

交替支撑摸肩（4）

平板支撑开合跳（1）

平板支撑开合跳（2）

侧向平板支撑髋外展（1）

侧向平板支撑髋外展（2）

侧向平板支撑肩外展

静态臀桥

动态臀桥

臀桥伸膝

军步臀桥

臀桥：静态臀桥、动态臀桥、臀桥伸膝、军步臀桥……
俯卧伸展：俯卧对角伸展、小燕飞……

俯卧对角伸展

小燕飞

四足跪姿：鸟式伸展……

鸟式伸展（1）

鸟式伸展（2）

鸟式伸展（3）

（2）核心力量训练

核心力量训练主要涉及动态的离心和向心运动，一方面要求保持核心稳定，另一方面则对肌肉收缩能力与控制能力提出要求。这一部分的训练需要训练者进一步感知核心肌肉发力。典型训练动作有卷腹、各种抬腿训练等，也可以借助弹力绳、悬吊器等器械锻炼核心力量。

注意：

大部分垫上核心力量训练应确保下背部紧贴地面，避免发力不当而导致腰肌损伤，对于腰肌长期处于紧张状态的久坐者来说，这种损伤尤其容易发生。

卷腹：卷腹摸膝、卷腹转体、侧向卷腹、反向卷腹、西西里卷腹、屈膝收腹……

卷腹摸膝（1）

卷腹摸膝（2）

卷腹转体（1）

卷腹转体（2）

卷腹转体（3）

侧向卷腹（1）

侧向卷腹（2）

反向卷腹（1）

反向卷腹（2）

西西里卷腹（1）

西西里卷腹（2）

屈膝收腹（1）

屈膝收腹（2）

单腿两头起（1）

单腿两头起（2）

双腿两头起

屈膝两头起（1）

屈膝两头起（2）

屈膝两头起（3）

屈膝两头起（4）

两头起：单腿两头起、双腿两头起、屈膝两头起……

抬腿：仰卧举腿、仰卧交替抬腿、仰卧风车、悬垂举腿……

仰卧举腿（1）

仰卧举腿（2）

仰卧交替抬腿（1）

仰卧交替抬腿（2）

仰卧交替抬腿（3）

悬垂举腿（1）

悬垂举腿（2）

悬垂举腿（3）

其他：俄罗斯转体、V字支撑转体、侧支撑抬臀……

V字支撑转体（1）

V字支撑转体（2）

俄罗斯转体（1） 俄罗斯转体（2）

侧支撑抬臀（1） 侧支撑抬臀（2）

弹力绳：转体、上抬、下砍……

悬吊训练器：单腿卷腹、双腿卷腹……

（3）核心爆发力训练

核心爆发力训练旨在以一定的速率产生力，同时保证动态稳定。核心爆发力的训练需要在具备足够强的核心稳定性与核心力量之后进行，否则可能导致受伤。大多数核心爆发力训练需要借助器械。典型训练动作有药球练习、杠上练习等。

药球练习：旋转胸前传球、身前斜抛、伐木式投掷、过顶后抛……

杠上练习：杠上挺身、杠上前倾复原……

2. 上肢力量训练

上肢力量包括手臂、肩部力量。在完成上肢动作时，背部、胸部、核心肌群也会有不同程度的参与。在户外运动中，背负、攀爬等动作均要求上肢力量。典型的训练动作有引体向上、俯卧撑等。上肢力量不足不能完成完整动作者可以从退阶动作开始。利用弹力绳、哑铃等器械进行训练，更方便根据自身情况调整负荷大小，也是不错的方式。

引体向上的退阶动作：悬垂、划船、辅助引体向上……

俯卧撑的退阶动作：上斜俯卧撑、跪姿俯卧撑、宽距俯卧撑（发力部位有所不同）……

俯卧撑（1）

俯卧撑（2）

上斜俯卧撑（1）

上斜俯卧撑（2）

跪姿俯卧撑（1）

跪姿俯卧撑（2）

宽距俯卧撑（1）

宽距俯卧撑（2）

其他动作：划船、推举。

3.下肢力量训练

下肢力量一般是指臀腿力量，行走、跑跳、蹲起都需要下肢力量作为支撑。几乎所有类型的户外运动都需要强壮协调的下肢。在自然环境中，户外运动参与者们可能需要面对复杂的道路状况，要在各种路面上稳健地行走，降低不慎受伤的概率，就需要在身体训练中加强下肢锻炼。

大腿肌肉群包括股四头肌、腘绳肌等，强健的大腿肌肉有助于增强负重能力，提高行进速度，同时保护膝关节；小腿肌肉群包括腓肠肌、比目鱼肌与胫骨肌群，与脚踝、足部的运动密切相关。

下肢训练的目的不仅是增强肌肉力量，与核心力量训练相似，提高肌肉控制能力、锻炼平衡能力与稳定性至关重要。典型训练动作有深蹲、箭步蹲、提踵、硬拉等。

深蹲：半蹲、深蹲、保加利亚深蹲、高脚杯深蹲……

半蹲

深蹲

保加利亚深蹲

箭步蹲：向前交替箭步蹲、向后交替箭步蹲、多向箭步蹲……

箭步蹲

提踵：坐姿提踵、双腿提踵、单腿提踵……

坐姿提踵

双腿提踵（1）

双腿提踵（2）

单腿提踵

硬拉：六角杠硬拉、单脚直膝硬拉……

六角杠硬拉

靠墙静蹲

其他：靠墙静蹲、大腿后侧肌群训练……

注意:

所有下蹲动作都需要注意髋、膝、踝关节的协同运动,保持膝盖与脚尖方向相同,避免膝盖内收、外翻或过度向前,同时注意保持脊柱中正直立。下蹲姿势不当导致的运动损伤相当常见。

在训练初始阶段,如果难以完成标准的自重深蹲,建议先采用半蹲、靠墙静蹲等动作增强下肢力量。

三、柔韧性训练

柔韧性是指软组织具备的正常延展性。具有延展性与适应性潜力的组织有肌纤维与一些结缔组织(包括连接肌肉与骨骼的肌腱、连接骨骼的韧带、包裹肌肉的筋膜)。适当的柔韧性训练旨在发展软组织的正常延展性,也可以刺激神经系统,增强募集肌肉的能力。柔韧性训练能够增强灵活性,使得肌肉与关节能够在全活动范围内有控制地运动,防止肌肉失衡,改善姿势,减少受伤概率,也对提升力量和爆发力有所帮助。进行柔韧性训练对不同方面的运动表现的影响在研究界存在诸多争议,一般认为,这种训练对运动表现与心理调节是有利的。

柔韧性训练主要关注的是肌肉组织与肌筋膜,而肌腱与韧带的过度拉伸可能引起关节不稳定,进而导致错误的运动模式与损伤。在进行柔韧性训练时,所有动作都应该是轻柔、平稳、缓慢的。过度牵拉可能引发软组织的累积性损伤。弹震式拉伸容易导致用力过猛,超出安全的拉伸范围。正确的柔韧性训练不应该伴随剧烈疼痛,引起肌肉收缩的疼痛与柔韧性训练的目的背道而驰。应该在符合人体运动科学的方向上进行拉伸。

对于处在急性损伤期的组织,不应该进行柔韧性训练。一些疾病(如恶性肿瘤、骨质疏松、糖尿病晚期、出血性疾病等)可能是柔韧性训练的禁忌,需要咨询专业医疗人员。

一些户外运动对关节的运动度有相当高的要求，典型的例子之一是攀岩。柔韧性训练常用于运动前热身、运动后放松与纠正性训练，基本类型有静态拉伸、动态拉伸与自我筋膜松解。

1. 静态拉伸

静态拉伸是最常用、最安全的拉伸方式。通过缓慢的动作拉长肌肉和筋膜组织到关节活动末端，并静态保持一段时间，保持关节稳定，然后缓慢地离开，在每个阻力临界点保持20~30秒，即能达到拉伸的效果。这种动作的损伤风险相对较低，一般可以独自进行。

健康人群每天进行1~4次，每次20~30秒的拉伸是有益的。一些研究表明，静态拉伸可能削弱短期内的肌肉力量，对于是否应当在高水平力量运动之前的热身阶段进行静态拉伸存在争议。在运动结束后的放松阶段进行静态拉伸能使肌肉放松，缓解肌肉疲劳与延迟性肌肉酸痛（Elayed Onset of Muscle Soreness，DOMS）。对于存在肌肉失衡、过度活跃或紧张的肌肉，进行静态拉伸也是适用的。

与静态拉伸相似的一种拉伸方法是神经肌肉拉伸，这种拉伸方式需要在专业人员的辅助之下进行，要求肌肉伸展到关节活动末端之后主动收缩，然后移动到另一个位置再次进行。主动收缩的动作能促进肌肉放松，使肌肉可以被进一步拉长。

上肢静态拉伸：大臂拉伸、斜方肌、肩胛提肌、胸锁乳突肌拉伸、小臂拉伸……

下肢静态拉伸：站姿腓肠肌拉伸、比目鱼肌拉伸、髋内收肌拉伸、股二头肌拉伸、仰卧腘绳肌拉伸、股二头肌拉伸、梨状肌拉伸……

腹背静态拉伸：腹部拉伸、背阔肌拉伸……

大臂拉伸（1）

大臂拉伸（2）

大臂拉伸（3）

大臂拉伸（4）

斜方肌

小臂拉伸

腹部拉伸

背阔肌拉伸

2. 动态拉伸

动态拉伸是利用肌肉力量与重力，在关节活动范围内移动关节的拉伸方法。主动分离式拉伸是与动态拉伸相似的一种拉伸训练，利用拮抗肌的相互作用移动关节。例如，利用股四头肌与髋屈肌收缩拉伸腘绳肌。动作特点是在每次拉伸动作中停留1~2秒，每组拉伸重复5~10次。

这两种拉伸能够提高肌肉的活跃度，使得过分紧张缩短的肌肉放松和伸长，这有利于为更高负荷的运动做准备。由此可见，动态拉伸与主动分离式拉伸可以被用于热身运动。

典型的动态拉伸动作有囚徒深蹲、俯卧撑转体、侧弓步触地、单腿蹲触地、前后摆腿、左右摆腿等。

3. 自我筋膜松解

自我筋膜松解（Self-Myofascial Release，SMR）是针对筋膜扳机点与肌肉中过度兴奋的部位的柔韧性训练。不良姿势或过度使用肌肉都可能导致机体损伤，使得特定肌肉中的某些肌梭出现微观痉挛，形成软组织粘连（结节或扳机点）。这些部位会导致软组织弹性降低，引起扩散性疼痛。自我筋膜放松是专门针对这些问题而设计的训练方法。在一段时间内，在扳机点位置上提供持续压力，能够降低疼痛和扳机点的敏感性，减少过度的肌肉紧缩，促进损伤组织的恢复。自我筋膜松解与拉伸的结合利于改善软组织的延展性。

自我筋膜松解可以利用自身重力，借助一些小工具进行，也可以在他人的帮助下进行。可以从硬度较小的工具开始，逐渐进阶到硬度更大的工具。直径较大的药球、直径15厘米左右的泡沫轴是便于初学者使用的工具。经过一段时间的适应后，可以选择直径较小、硬度较高的滚轴和网球、筋膜球，也可以选用手持振动击打式的按摩工具。

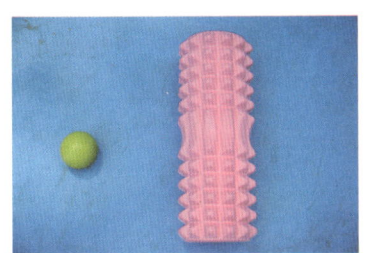

按摩工具

实施筋膜松解需要首先保持肢体稳定和放松,通过缓慢的按压、滚动找到敏感区域。然后,在酸痛部位持续压迫一段时间,直至酸痛感减弱或组织变软。一般而言,可以根据疼痛强度选择30~90秒的持续时间。高强度、短时间或低强度、长时间的压迫都是有效的,应当避免的是过度疼痛引起的肌肉紧张,在放松状态下,筋膜松解才能达到预期效果。多次实施筋膜松解后,局部的酸痛感会明显减轻。常用的自我筋膜松解动作:小腿后侧、腓骨肌群、髂胫束、阔筋膜张肌、腘绳肌、梨状肌、股四头肌、髋内收肌、背阔肌、胸椎……

常用的自我筋膜松解动作(1)

常用的自我筋膜松解动作(2)

常用的自我筋膜松解动作(3)

常用的自我筋膜松解动作(4)

四、运动损伤预防

低质量的训练动作既无法达到特定的训练目的，又会大幅提升发生运动损伤的风险。在未进行充分热身的状态下进入高负荷训练，错误理解训练动作，在肌肉力量不均衡、控制力不足的情况下尝试控制难度过高的动作，这些都可能带来运动损伤。而过长时间或过大强度的训练容易导致人体进入疲劳状态，也可能导致训练者无法按质量完成动作，出现应力性骨折、肌肉拉伤、关节疼痛、过度疲劳等问题。因此，无论你处于运动的何种阶段，都应高度重视运动损伤的预防。

运动前热身，运动中保持动作规范，运动后充分放松是预防运动损伤基本的方法。完整的身体训练计划应从动态拉伸或主动分离式拉伸开始，先进行小强度运动，逐渐提高心率，然后进入正式的训练。在天气寒冷时，进行充分热身更为必要。要根据自身能力设计和调整训练计划，循序渐进，不应盲目追求高训练量。在训练过程中应当保持专注，注意动作细节；在运动结束后应当进行充分放松。预防运动损伤还需要对动作姿势的专业评估和对错误姿态的积极纠正。

以下介绍几种常见的运动损伤。由于不同个体具体的损伤情况各有差异，一旦出现损伤，建议寻求专业人员帮助，接受治疗或制订恢复方案。

1.足部和踝部损伤

足部和踝部承担着身体重量，户外运动、户外运动相关训练涉及大量行走、跑跳运动，足部和踝部损伤的风险应该充分重视。损伤可能与肌力薄弱、肌肉失衡或紧张，以及错误动作模式或过度训练相关。

足底筋膜炎：常见致病因素是跑跳或缺乏运动、体重过大。疼痛在足跟或足心处，晨起接触地面或久坐后加剧。

肌腱炎或肌腱变性：常见致病因素是跑跳。症状包括疼痛、炎症、肿胀等。

胫骨内侧应力综合征：胫骨及相关肌肉组织过度负荷导致疼痛。常见致病因素是过度训练、不合适的鞋子或硬度过高的训练地面。症状多表现为胫骨远端三分之一处内侧疼痛，在运动中或运动后有所加剧。

踝关节扭伤和慢性踝关节不稳：踝关节扭伤是韧带的轻度撕裂损伤，以外侧踝关节扭伤最为高发。在野外行走的过程中，不慎扭伤踝关节是常见的。踝关节扭伤有可能发展为慢性踝关节不稳，引起踝关节的重复失控和不稳定感。

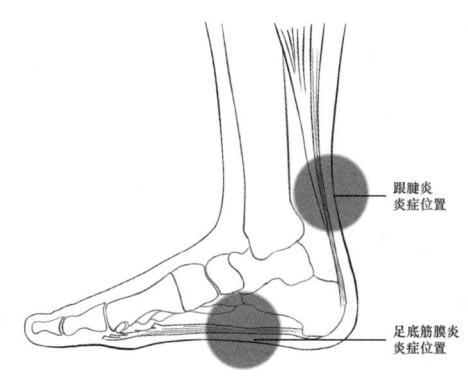

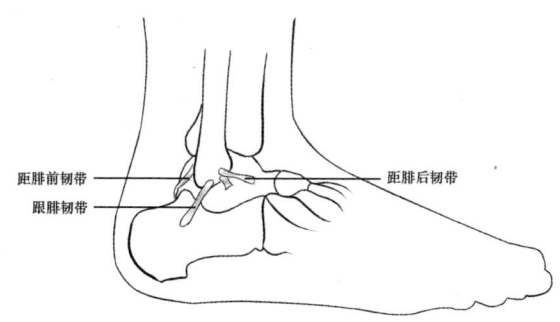

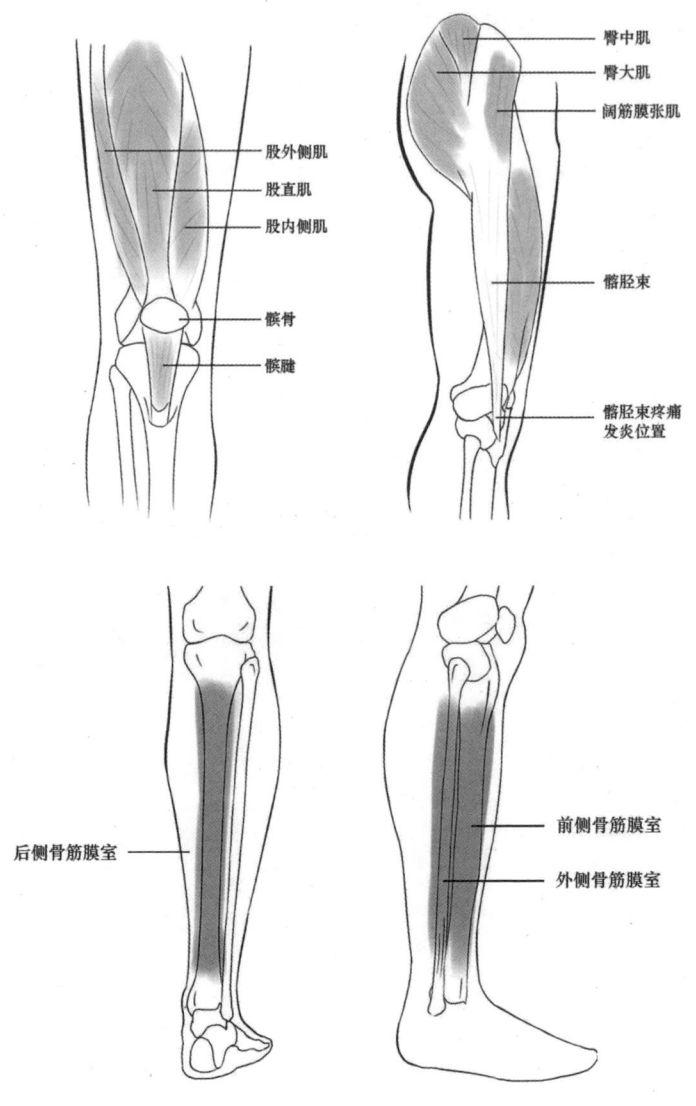

2.膝关节损伤

膝关节损伤是最为常见的运动损伤之一。户外运动中的跑跳、负重下降都可能对膝关节产生冲击。正确使用登山杖,在日常训练中强化大腿肌肉,训练正确的落地模式,避免膝盖内扣和外移是预防膝关节损伤的常用方法。

不同种类的膝关节损伤较难通过症状进行区分。

髌腱病：多发于需要大量跳跃动作的人群。

髂胫束综合征：多发于经常进行跑步训练的人群，通常是髂胫束肌腱远端与股骨外侧髁的反复摩擦引起炎症导致疼痛。

髌骨疼痛综合征：通常由髌骨在股骨滑车上的错误运动引发。错误的下蹲与落地动作是诱因之一。

3. 下背部疼痛

户外运动需要长时间负重行走，这需要正确的背负姿势和足够的核心、上肢力量作为支撑。肌肉力量不足或失衡导致的代偿性动作可能导致局部压力过大，进而导致运动损伤和疼痛。这种机制导致的最常见的损伤是下背部疼痛。久坐、深蹲、举腿等动作发力不当，以及抬举重物时采用错误姿势也都可能造成下背部疼痛。

可以通过一些身体素质测量项目了解自己的身体状态，追踪训练前后身体机能的发展状况。

注意：

BMI和体脂率

BMI（Body Mass Index）即身体质量指数，常用作衡量人体肥胖程度的参考值。计算公式：

BMI＝体重÷身高^2

体重单位：千克；身高单位：米。中国的成人BMI标准如下。过轻：低于18.5千克；正常：18.5千克～23.9千克；过重：24千克～27千克；肥胖：28千克～32千克；非常肥胖：高于32千克。

BMI未将身体脂肪率纳入考虑范围，不能完全反映肥胖程度，仅能作为评估个人体重和健康状况的多种标准之一。

体脂率（Body Fat Ratio，BFR）是指人体内脂肪重量在人体总体重中所占的比例，计算公式：

体脂率＝（身体脂肪总重量÷体重）×100%

常见的体脂率测量方法有通过腰围计算、皮褶测量法、生物电阻法等。体脂率标准见下表。

体脂率标准表

	男性	女性
偏瘦	5% ~ 10%	5% ~ 20%
标准	11% ~ 21%	21% ~ 34%
超重	22% ~ 26%	35% ~ 39%
肥胖	27% ~ 45%	40% ~ 45%

思考题：

1.户外运动身体训练的意义是什么？

2.如何计算自己的最大心率？如何根据训练目标强度确定目标心率区间？

3.稳态训练的特点和典型的训练方式有哪些？

4.间歇训练的特点和典型的训练方式有哪些？

5.请设计一个间歇训练方案。

6.为达到训练稳定性、力量耐力、肌肉肥大、训练最大力量、训练爆发力的目的，分别应该采用怎样的运动强度与重复次数、组数？

7.核心训练需要关注核心肌群的哪些能力？

8.柔韧性训练有哪几种类型，各自的适用范围与特点是什么？

9.如何避免运动损伤？

第5章
工欲善其事，必先利其器——户外运动技术装备基础技能

先了解需求，再选择适合的装备。户外运动很多时候都离不开装备的保驾护航，但选择适合的户外运动装备并不是一件容易的事情。市场上销售的户外装备鱼龙混杂，如何避免掉入低性价比、劣质、适配性低等错误选择的深坑中，学习掌握户外运动装备技能就显得格外重要。

一、户外运动技术装备基础技能和基本原则

从事户外运动离不开各种各样的技术装备，如攀岩所需的攀岩鞋、安全带、绳索；攀冰所需的冰爪、冰镐、绳索；徒步所需的户外服装、鞋帽、登山包，等等。本章介绍户外运动的基础技术装备，主要包含以下四类。

个人防护类：服装鞋帽、护肤护目……

绳索保护类：绳子、绳套、上升下降器具……

食宿类：炉具套锅、帐篷睡袋、防潮垫……

其他装备：包、刀具、头灯、杖杆……

其中，绳索保护类装备将在绳索保护章节中讲述，食宿类装备将在户外露营章节中讲述。

学会使用户外基础技术装备不仅可以维持身体的舒适，也能更好地应对地形和环境可能带来的风险，还能保障食宿的安全。由此可见，户外基础技术装备的学习和使用尤为重要。所有户外运动装备在活动结束后都需要妥善保存和按时保养，否则会降低其使用寿命和安全性。合格的户外装备都会在说明书上介绍保养方法，在此不再详细讲解。

注意：
挑选合适的户外运动装备的标准

原则：安全、舒适、易识别。

程度：够用、耐用、好用。

性能：防风水、通风透气、松软干爽。

二、户外运动服装基础知识

户外运动项目的衣物种类繁多。按功能进行划分，有保温的羽绒服、防水的冲锋衣、防风的软壳衣、排汗的速干衣、抗紫外线的防晒服，等等。现在，户外运动衣物已经不仅是爱好者在户外运动时的穿着，更是成为时尚达人日常着装的选择。

户外运动衣物的穿着有很多学问，如果穿衣不当，很可能在运动中给我们带来麻烦甚至风险。

1. 基本原理

失温现象是指人体核心温度低于35.0°C（95.0°F）。在失温状态下，人体热量流失大于热量补给，核心区温度降低，产生寒战、迷茫、心肺功能衰竭等症状，甚至造成死亡。

人体与温度

< 22℃	心跳停止
=27℃	低温麻痹
> 42℃	酶变性而死亡

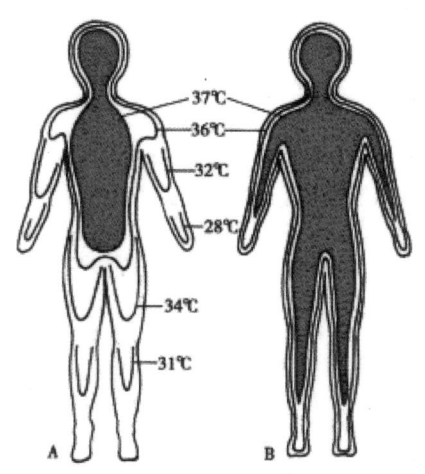

在不同环境温度下人体体温分布图

A.环境温度20℃　B.环境温度35℃

注意：

人体核心区主要是指大脑和躯干内的心、肺等维持生命的主要器官，这一概念是相对于人体四肢和表层皮肤而言的。

当户外天气变化，人体在保温措施不足的情况下，长期处于低温环境中，就可能出现失温。一旦出现因寒冷导致颤抖、行动不协调、思维迟钝等问题，一定要及时采取回温措施，严重时要及时寻求外界援助。

环境—人体热丧失有以下四条途径。

热传导：热能从高温向低温部分转移的过程，是一个分子向另一个分子传递振动能的结果。

热对流：指流体内或流体和容器之间有温度差时，液体或气体物质一部分受热体积膨胀，密度减少，逐渐上升，其位置由周围温度较低、密度较大的物质补充，如此循环不已，遂将热量由流动之流体传播到各处。

热辐射：指直接通过电磁波辐射向外发散热量，传导速度取决于热源的绝对温度，温度越高，辐射越强。

蒸发：指物体表面汽化的过程，只发生于液体的表面，且可在任何温度下发生。这是由于液体粒子流动时互相发生不同程度的碰撞，这些碰撞使接近液体表面的粒子拥有足够能量从液体中逃逸出去，称为蒸发现象。

我们可以依据物理学的热传导、热对流、热辐射和蒸发四个原理来调整在户外运动中的穿着。无论是保温，还是散热，目的都是让身体能够进行动态的体温调节，以保持舒适的体感和温度。

此外，在户外环境中，人体体感温度还受水冷效应和风寒效应的影响。

水冷效应：指在高湿环境中人的体感对周边环境温度的感知会比真实温度大幅度上升或下降，也就是感觉更闷热或更冰冷。比如身体潮湿时散热的速度是身体干燥时的25倍。

风寒效应：指在刮风环境中，人体对温度感知出现比实际感知会有大的偏差。比如在气温相同的条件下，刮风天比无风或微风时使人感到更寒冷；气温在0℃以上时，风力每增加2级，人的寒冷感觉会下降3℃～5℃；气温在0℃以下时，风力每增加2级，人的寒冷感觉会下降6℃～8℃。

在准备户外运动着装时，也要充分考虑水冷效应和风寒效应的影响。如果要去湿度高、风力大的地区，则要更加注重保暖。要注意保持身体干燥，避免因出汗打湿衣物造成体感温度降低的情况。

2. 基本方法

在户外运动中，我们要利用以上基本原理设计户外着装层次，发挥衣物的最大效能。一种常用的着装原则是"多层穿衣法"（"三层穿衣法"）。这里的"三层"并非指"三件"衣服，而是指用多件衣服构造的三个穿衣层次：内层（排汗透气层）、中间层（保暖恒温层）和外层（防风防水隔离层）。

三层着装示意图

（1）内层（排汗透气层）

内层着装示意图

选用排汗性佳的贴身衣物。一些服装面料经过特殊的化学纤维处理，衣物内层具有厌水性，外层具有亲水性。人体运动产生的大量汗水不会附着在衣服与皮肤之间，而是传导散发到衣服的外层，穿着者皮肤表面依然维持干爽的感觉。

由于棉质材料吸水性强、不易干，因此一般不建议选用棉质衣物作为户外运动中的贴身衣物。

常见的Coolmax、Thermastat等材质均有良好的排汗效果。

Coolmax透气性能佳，导水排汗性好，其纤维表面的四道沟槽有助于汗湿排出体外并迅速蒸发，以保持皮肤清爽。在极限运动中，此面料能有效降低皮肤温度。Thermastat注重排汗，多使用于夏季服装，主要用于内衣、袜衬，也用于功能性外衣的网状内衬。

（2）中间层（保暖恒温层）

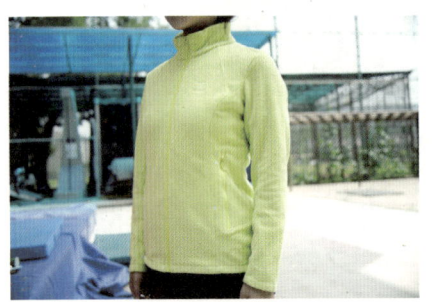
中间层着装示意图（1）

中间层着装示意图（2）

保暖恒温层的作用是包住周身的空气。包住的空气越厚，保温效果越好。虽然穿数件宽松的薄衣服不如一件绒毛衣物那么保暖，但也可以一层层包住空气，起到一定保暖作用。

这层着装就材质而言，可以分为天然材质和人造材质两种。

天然材质以羽绒最为大家所熟悉。由于羽毛具有许多微孔，膨胀起来能捕捉到极多的空气，因此具有极佳的保暖效果，但它的最大缺点就是不能碰水，一旦羽毛被打湿，保暖效果便会显著下降。基于这些特点，羽绒服不适合在户外运动的过程（尤其是负重行进）中做保暖层，而适合在干燥环境时穿着。

人造材质中目前最为流行的是抓绒制品，其中又以美国专利注册的"Polartec"抓绒制品性能最为出众，保暖性佳、触感轻柔、微湿的情况下仍具有保温效果、快干，非常适合户外运动时做中间的保暖恒温层。"Polartec"根据保暖程度，有不同厚薄的等级之分：最厚的是300系列；多用途的是200系列；柔软轻巧的是100系列，使用者可以根据自身的使用需求而选择合适的衣服。不过它最大的缺点就是不抗风（这也是人造刷毛织品的缺点），必须配合具有抗风性能的衣服穿着，才能发挥其优异的保暖性。

（3）外层（防风、防水隔离层）

外层应具备防风、防雨以及防晒的功能。除了能够将外界恶劣天气对身体的影响降到最低之外，还要能够将身体产生的水气排出体外，避免让水蒸气（或汗水）凝聚于中间层，使得隔热效果降低而无法抵抗外在环境的低温或冷风。

外层着装示意图

外层着装目前被广泛使用的是 GORE-TEX 面料，具有持久的防水，防风，透气性能。

3. 实际应用

在应用"三层穿衣法"时，要以灵活适用、保持身体舒适为基本原则，根据所从事的户外运动与个人的具体特点进行灵活调整。

三、户外运动背包装备基础知识

户外运动中装载携带的物品，合适的背包必不可少。正确选择适用的背包不但能够提升运动的舒适感，还能有效降低户外运动的风险。

运动背包是指根据运动项目需要而专门设计用于装载物品的包囊，是指我们去登山、越野跑、徒步穿越、溯溪运动时所用到的专业背包。相比在其他环境中使用的背包，它往往更结实耐用，在容量、性能、背负系统方面更能满足户外运动的需求。当从事除休闲运动以外的户外运动时，选用专业的运动背包是非常必要的。

1.运动背包的结构

（1）背负系统

背负系统是背包两大系统中最核心的系统，直接关系到是否舒适、是否牢靠，运动时是否省心省力，是否能得到最好的体验。好的背负系统和正确的背包姿势可以在很大程度上减少腰椎与肩膀受伤的可能，让我们在更好的身体状态下走得更远。一般背负系统会根据项目用途和大小而设计不同性能的背架，有硬架形和软架形两种结构。

软架形背负系统较软，里面支撑结构的材料大都可随外部压力的变化而变化，使得背包更贴合人体生理曲线，背包在人的身上会相对舒适贴身。比如越野跑水包。软架背负系统的缺点是随着背包重量的增加与使用时间的延长，背包会越发绵软，不能把重量准确地转载到人体承重力强的部位，导致人体疲劳或损伤。

硬架形背负系统支撑性能更佳，可以把物体重量精准地落在人身体的各个部位上，但硬架系统的舒适性不如软架系统。

背负系统结构一般包括肩带、胸带、腰带、肩部受力带、包底受力带、支撑装置、通风装置和调节装置（简称"五带三装置"）。背负系统是背包科技含量最高的部分，是区分背包性能优劣的关键。登山包之所以能承受非常沉的重量，除了架形外，作用最大的便是肩带和腰带。

登山包的肩带一般有两处调整点：根部调整点可以根据个人身长调整到合适的尺寸；下部调整点则类似普通背包，可以细微调整肩带长度。登山包的肩带附有受力带，其作用是调整背包与肩部的距离，从而更好地承受背包上部的重力。肩带上的胸带则可调整双肩带的开距，增强背包的稳定性。

腰带是登山包承重的关键装置之一。登山包宽厚的腰带可使背包的重力均匀地分散到人的腰部，减轻肩部负重，增加行路的持久性。腰带需要扣好卡扣，并在不影响呼吸的前提下尽量收紧，这样才能起到最好的效果，将重量均匀分散到腰间。

腰带的卡扣在分开的时候很容易受到破坏。而卡扣一旦损坏，就只能通过肩带背负背包，重量完全由肩背部承担，这会极大影响背负体验，耗费更多体能。应当尽量减少卡扣分开的时间，养成良好的装备使用习惯：在卸下背包之后，及时将卡扣扣好。

登山包填装完毕后，自身重量增加。为保护登山包的肩带，延长其使用寿命，应当尽量避免单条肩带受力。要以规范的流程"上包"和"下包"，具体如下：

上包时，屈（右）膝弯腰，先用双手提起两边的肩带，将背包放在屈腿的大腿上，同侧的手（右手）穿过肩带后扶住登山包，将登山包稍转到背部承重，再将另一只手（左手）穿入肩带。调整好肩带后，扣好腰环，收紧。（如果有需要，可以再系好胸带。）

上包方法（1-1）

上包方法（1-2）

上包方法（1-3）

上包方法（2-1）

上包方法（2-2）

上包方法（2-3）

上包方法（2-4）

上包方法（2-5）

下包时，解开胸带和腰带（将腰带别到身后扣好卡扣），逆向进行上包步骤，将包转移到腿上再落地。

下包方法（1）

下包方法（2）

下包方法（3）

下包方法（4）

下包方法（5）

下包方法（6）

（2）装载系统

在选择背包时，一般从两个角度考察它的装载系统是否能满足自身需求：体积大小与物品的分仓收纳设计。

体积大小即根据项目所需物品的多少来考虑容量。比如由于长距离徒步需要携带帐篷、睡袋、防潮垫、炊具、食品，等等，因此大部分远征包的容量在45升以上。越野跑所需物品少而简，大部分越野跑背包容量在20升左右。

远征包（1）

远征包（2）

越野跑背包（1）

越野跑背包（2）

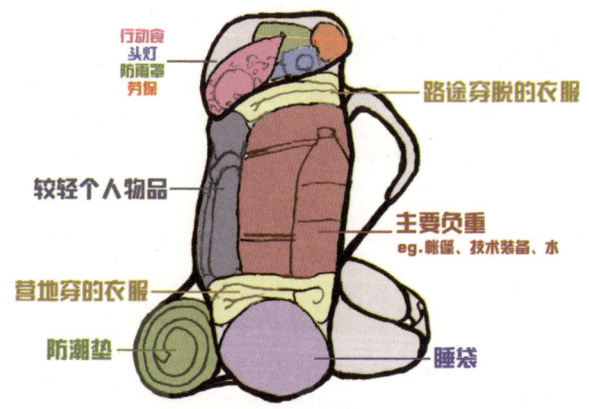
背包装载示意图

物品的分仓收纳设计是一个运动背包方便好用的必要条件。远征包的装载系统分为睡袋仓、水袋仓、头包、要件收纳区和外挂收紧部件等。这些分仓分区能使物品更合理地分类归置，便于取用；外挂收紧系统还可以解决超尺寸物品的携带问题（比如徒步手杖的携带、冰镐的携带、脱下衣物的临时携带等），起到稳定背包重心的作用。外挂带收紧之后，背包整体会更加紧实，重心更稳定地贴合在人的身体上，与背负系统成为一体。

（3）背包装填技巧

掌握背包装填技巧，合理安排空间和物品分布，能在装下更多物品的同时增加舒适度，减少能量消耗，让我们能走得更远。

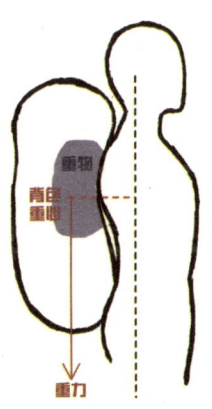

背包装填技巧图

背包装填的大原则是内重外轻、上重下轻、左右平衡。

内重外轻，可以使登山包和人的背部贴合得更加紧密，同时稳定重心。上重下轻是指，在背上登山包后，身体自然前倾，重物在上，脚步则容易踏稳，反之则会将身体往下拉，使得脚步沉重，整个人容易向后倒。此外，重心偏高，背负者行进过程中才容易挺直腰背；重心太低会使背负者不自觉弯身行走，容易导致损伤。

左右平衡，若左右不均会影响重心的稳定，行走时容易倾倒受伤，同时需要更多肌肉力量来维持稳定，走起来会更费力。

装包时既要考虑重心配置，又要考虑物品取用的方便程度。需要在途中取用的物品应当尽量放在方便取到的位置。一般装填远征包的流程为先将睡袋装入睡袋仓，主仓下部可以装到营地需要添加的衣物，中间放入食宿类装备，中上部和侧边放入水、帐篷等重物，注意调整左右的平衡。再将常用的小物件如头灯、行动食、雨衣、防雨罩等放入头包。

注意：

睡袋和衣物要做防水处理，用防水袋包起来后再装包。

装包是否适宜的一个判断标准：重心居中且均匀的包放在地面上，可以不需要支撑，保持稳定直立。

尽量避免携带坚硬、沉重、易碎的物体。

尽量少打外挂，因为外挂不仅会影响重心，而且容易在行进过程中挂到树枝，造成背包和物品磨损，影响行进。

2. 运动背包的选择

（1）根据装载物品的数量而选择背包的容积

如果出行时间较短且不准备在户外宿营，携带物品不多，宜选中小容积的背包，25～45升即可。这种背包一般结构比较简单，不设外挂或较少设外挂，除一个主袋外，通常设3～5个附袋，便于分类装载物品；若出行时间较长，或需携带露营装备，则要选一个大包，以50～70升为宜；若需装载物品极多或体积较大，可选80+20升的大背包。

（2）根据背包的用途而选择背包的类型

同是运动背包，其用途却不尽相同。如专门为攀岩活动设计的攀岩包一般不设计硬支撑，目的是便于随身携带，外挂点比较多，以利于掇挂器材，有的款式还专门装配了整理器材的垫布。而为骑行设计的自行车系列包更多地注重骑行特点，具体可分为背行包、驮袋等。一般意义的登山包，亦称为野营背包，设计时考虑了各种运动形式的特点和长途行军的需要，适用于登山、探险和林地穿越活动。总之，各类背包都有其独特的适用范围，最好专包专用。

（3）根据身体而选用背负系统的尺码

背包的背负系统都有特定的适用范围，虽然可调式背包的适用范围较大，但也不是无限的，选择适合自己的背负系统的尺码非常重要。一般而言，背包的腰部受力点应在尾骨上方的腰窝上，肩带的支点应大体与肩平或略低于肩部，这样才便于受力带的调整和受力，背起来才舒服。背部尺码过大会产生下坠感，反之则会有上纵感，使腰部受力不到位。合适的尺码调整好后，背包会自然贴在人的背上。

另外，有时背包也分男女款。女性一般髋骨大，肩膀窄，有的品牌女性背包的腰带和肩带较男性产品有所不同。

（4）材料的质量

背包是否结实耐用的关键在于材料的质量。织带承重能力、不同面料的耐磨性和重量都有较大差异。成熟的运动品牌的背包在用料上一般比较考究，性能质量比较稳定。当然，名牌不一定就是最合适的，还要考虑预算、型号和实地使用环境等因素。

综上所述，选一款合适的运动背包一定是因人而异、因项目而异、因地而异的。

四、户外运动足履装备基础知识

1. 鞋

户外活动常常会遭遇泥泞、河流、冰雪等各类环境。一双不合适的鞋子在这些场景中更可能出现打滑、磨脚等问题。选择适用的登山鞋有助于减少疲劳和安全风险。

通常登山鞋的舒适性和性能之间是矛盾的:舒适的登山鞋鞋底软,鞋面支撑力较差,但其重量轻,也方便穿脱;而要适应各种地形,鞋底必须做得比较硬,但是舒适性会因此降低;为了节省体力,提升速度,鞋子需要尽可能轻巧,但是轻巧的鞋在保暖还有硬度方面却又无法做得很好。

正是因为存在以上各类矛盾,每一种鞋都适用于特定的范围,要根据应用场景而选择合适的鞋子。一般来说,登山鞋分为以下四种。

(1) 健行鞋 (Hiking Shoes)

适合一天以内的轻装徒步或者郊游,能应对普通的山野土石路,舒适性好。通常为低帮,采用织物(例如尼龙)作为面料,鞋底柔软。

健行鞋

适用范围:单日轻装徒步,或攀登海拔2000米以下的无大难度山峰。

（2）徒步鞋（Hiking Boots）

适合路况较为恶劣的登山徒步，或是背负不多的徒步露营活动。相较于健行鞋，它更重，也更结实，但舒适性较差。通常为中帮或高帮，采用皮质或者皮和织物混合作为面料，防水透气性不错，鞋底偏硬，也较厚。

徒步鞋

适用范围：一日或数日的轻装徒步、露营，或攀登海拔为2000米以下的无大难度山峰。

（3）重装徒步鞋（Backpacking Boots）

适合多日重装徒步和各种路面，强调鞋子的性能，在舒适度方面略差。此类鞋多数为高帮，能有效防止脚踝损伤。鞋底坚硬厚实，鞋头有U形硬皮加固，一般采用皮质面料制作，具有很好的防水性。

重装徒步鞋

适用范围：需要背负15~30千克物资，而且行程时间较长（数日或数月），以及攀登海拔5000米以下且难度不大的山峰。

（4）高山靴（Mountaineering Boots）

适合攀登高海拔山峰，拥有很好的保暖性、防水性，有专门为冰爪预留的卡扣，单只鞋的重量接近1千克。此类鞋一律是高帮，鞋帮至少到脚腕以上，鞋底坚硬，采用结实耐磨的尼龙面料制作，有些鞋子采用双层设计，穿着相对较麻烦。

高山靴

适用范围：攀登海拔在5000米及以上的高难度技术型山峰、冰川或是冰壁混合的路线。

2. 袜

普通棉袜排湿性差。在长时间户外行走中，可能出现足部汗液滞留的问题，穿着潮湿的袜子反复摩擦，足部极易产生水泡、血泡；如果天气寒冷，这也会影响足部保暖，导致冻伤。根据活动环境的不同，可以选择吸湿较快的速干徒步袜（人造纤维袜）或厚实保暖的羊毛袜。

Thermolite：保暖纤维。

Coolmax：具有很强的吸湿性和排湿性，又有很好的透气性。

五、户外运动水具、灯具、通信工具基础知识

1. 水具

户外运动的水具有水壶、水袋、水囊、折叠水桶、净水器等，最常用的是水壶和水袋。

（1）水壶

用于登山、露营的水壶大多是塑料或者金属材质。塑料水壶的优势是廉价、轻质、能看清楚剩余水量、有更多的壶型。金属水壶的优势是结实耐用、保温、可作炊具。

选购水壶时的关键是容积大小。这取决于一天要喝多少水，喝水量根据气温、运动强度、个人习惯而有所区别。大部分水壶的容积都集中在0.75升、1升、1.5升之间。根据经验，登山运动中一小时需要约0.4升左右，可以根据自己徒步的强度来决定水壶大小。

（2）水袋

水袋是易用且便携的户外水具，它起源于20世纪90年代，一开始主要用于骑行，后来逐渐被应用于登山、徒步和攀登等户外运动中。

大部分水袋的容积是1.5~4升。有的水袋有一定保温性能，但总体来看，水袋的保温性不如金属保温水壶。

2. 灯具

如果要在夜间进行户外活动，比如夜间徒步、露营，就需要携带照明装备。相比于传统的手电筒和矿灯，户外头灯便捷轻量，能轻松调节角度光效，解放双手，具有无可比拟的优势。

决定一个头灯好坏的因素有亮度、照射距离、照射类型、体积、重量、耗电量等。登山者总是希望头灯在体积、重量和耗电量尽可能小的前提下提供更高的亮度和照射距离。另外，在不同场景下还需要头灯具有额外的性能，如防水、耐寒等。头灯有充电款和电池款，为了保证户外长时间续航，一般选择电池款头灯。

头灯

3. 通信工具

在户外活动时会遇到各种各样的状况，通信信号不好是常态。在多人行路时，由于队员们体力经验等各方面的差异，队伍往往会拉得比较长，在遇到探路、休整、岔路、受伤等情况时就需要前后队能够及时通信，沟通状况。于是，对讲机便成为户外运动中应用最广泛的通信器材。

多人的户外活动一般给向导、押后、领队和队医各配备一个对讲机以便实时交流，再带一个备用对讲机和足够的电池。出发前，将所有对讲机调到同频并测试，使用时按住说话即可。需要注意的是，当一方按住说话时，其他方不可同时说话。

对讲机

六、登山杖

登山杖是从事登山、徒步穿越、健行等运动时使用的辅助器械。合理使用登山杖可以减轻双腿的负担，节省体能，提升行进速度；在下山时可以提高稳定性，保护膝盖，更灵活地应对复杂地形。

1. 结构

握柄，即用手抓握处。

腕带：购买登山杖时需要特别看重的部分。登山杖与使用者身体力量的互相传递主要是通过腕带来实现，因此在选择腕带时应考虑其是否具备以下特点：腕带中部较宽、两侧较窄，能够防止勒手；腕带调节扣设置在与登山杖的连接处，不与手部接触，防止硌手；腕带内侧为绒面防摩擦材质，可有效保护腕带接触的皮肤。

杖杆：支杆的材料通常采用铝合金、碳纤维、钛合金、木头、钢等材质，其中，铝合金及碳纤维应用得最为广泛，铝合金具有结实耐用、价格低廉、重量比碳纤维和钛合金重、易腐蚀的特点，而碳纤维和钛合金轻盈、材质弹性及韧性好、强度高、耐腐蚀、价格较高。

锁紧系统：锁紧系统是一条登山杖的核心安全部件，90%的登山杖问题都是由于锁紧系统故障引起的。价格低廉的登山杖一般采用容易变形的普通塑料部件，而优质的登山杖则采用高硬质工程塑料（晶塑），并经过精密切割。如行业公认的先进锁紧系统、黑钻（Black Diamond）自主开发的Flicklock关节锁紧系统、鲁滨逊专利SLS二代锁紧系统、迪为（Wildview）的3LS安全锁紧系统等。

泥托雪托：可以防止登山杖陷入泥地雪地中，不过登山穿越的环境多有荆棘灌木，泥托雪托反而会妨碍行动的便利性。若不经过泥地雪地，应将泥托雪托拆下。

杖尖：杖尖材质有橡胶头、铁制、碳钨钢等。碳钨钢最硬，价钱也最贵，橡胶头最便宜，但是不太能应对崎岖的户外地形，耐磨性也不如碳钨钢头。杖尖的花纹常见的有网形纹、钻石纹、格状纹等，其中，钻石纹的防滑性及穿透性最佳。

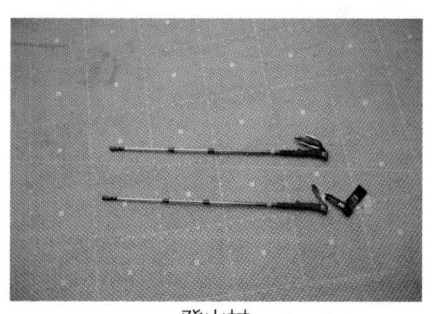

登山杖

2.分类

按材质进行划分：碳纤维登山杖（轻盈）、钛合金登山杖（昂贵）、铝合金登山杖（便宜）、木质登山杖（情怀）。

按节数进行划分：三节登山杖（标准）、四节登山杖（超短）、二节登山杖（较长）、一节登山杖（不易携带）。

按手柄进行划分：直柄登山杖（专业户外运动）、T柄登山杖（休闲运动及日常）、斜柄登山杖（场地徒步专用）。

3.使用

（1）调节长度

手持登山杖站在平面上，手臂自然垂下，前臂跟上臂成90°，将登山杖的尖端向下调整到接触地面。（多节登山杖最强韧的状态是在每一节支杆长度相当的情况之下。这样可以确保登山杖的支撑强度，也能增加登山杖的使用寿命。）随后将登山杖的支杆全部锁紧。用另一只尚未调整的登山杖比对锁定长度的登山杖调整到相同长度即可。

（2）腕带的使用

手腕穿过腕带时，不应该从腕带上方伸进去抓住把手，而应该从腕带的下方穿入，将腕带压在手掌中，然后轻轻地抓住把手。用手抓住登山杖的目的是稳定登山杖和控制方向，而不是紧紧地抓着把手施力。此外，若从腕带的上方穿入，在摔倒时，很有可能使大拇指脱臼。

腕带

（3）不同地形的操作

平地及平缓的上坡：采取与平时走路相同的节奏，在左脚向前的同时，右手臂顺势将登山杖往前带，但是杖尖不要超过身体，然后顶住地面向后推，左手跟右手交互做一样的动作。

较倾斜的陡坡：将登山杖调节到稍短于平地的长度，动作和平常走路一样，但是手臂要往前，将登山杖的位置放在身体的前面，利用登山杖支撑身体往上，以此来减轻腿部压力。

下坡：将登山杖调节成稍长于平地的长度，登山杖的落地位置要在身体前面，而且要比前脚先着地，这样才能达到分担力量的效果。下坡使用登山杖不建议带腕带，这样一旦摔倒，登山杖可以及时脱手，避免受伤。

注意：

登山杖的杖尖非常尖利，在使用时一定要注意不要伤到队员，在一般情况下，杖尖只能向下，严禁向上。

登山杖不能横向受力，否则很容易断裂。

登山杖不能作为拉扯队员爬升的助力工具，这是因为登山杖有脱开的可能性，用作拉扯的工具很有可能导致发生意外。

七、其他常用的户外小工具

1. 劳保手套

劳保手套，即劳动保护手套，用于保护手部安全。根据使用环境的不同，劳保手套有不同种类。在户外徒步中，常用的是白色针织劳保手套。它价格低廉，具有良好的透气、吸湿性能，能保护手部不被树枝划伤；比较轻薄，不会过度干扰手部操作；在干燥时也具有一定保暖性能。在户外行进、搭建帐篷、用火的过程中，人们普遍使用劳保手套保护手部。

2.魔术头巾

魔术头巾是相当流行的户外头部装备，它一般采用轻薄、透气、有弹性的面料做成，用法多样。在寒冷、大风的季节，一层魔术头巾可以起到不错的保暖作用，有效地保护头部、面部，还可以阻挡风沙。在炎热的天气里，魔术头巾也是吸汗的好帮手。除此之外，魔术头巾还可以用于急救固定，替代手套、发带等。

魔术头巾

3.多用刀具

在准备充分的户外徒步中，不鼓励进行不必要的砍伐。刀具多用于削切食材、绳索，剪除部分拦道的草本植物。而难度更高、不确定性更大的户外活动对刀具的使用要求更高。在选用户外刀具时，要首先明确其用途，根据实际情况学习使用。

思考题：

1. 挑选户外运动装备的基本原则是什么？
2. 户外运动技术装备有哪些？
3. 人体热丧失的途径有哪几种？
4. 三层着装法的具体含义是什么？
5. 登山包使用过程中需要注意什么？
6. 如何选择一双合适的登山鞋？
7. 使用登山杖需要注意什么？

第6章
以绳索相引而度——户外运动绳索保护基础技能

绳索是户外运动中的常用工具，它结构简单，却用途繁多，在保护户外运动者的生命安全方面发挥着重要作用。

在自然环境中进行户外活动会不可避免地遇到各种各样的风险地形和地貌，合理运用绳结和绳索保护技术能帮助我们在保证自身安全的前提下应对一些地形地貌，从而顺利通过。

户外绳索保护技术有多种类型，在借助绳索通过一段道路时，可能采用的绳索技术有单人通过、无器械协助通过，以及结组技术、路绳技术、one by one 法式保护器通过等。

本章主要以日常简单的户外徒步穿越为场景，讲授绳索保护与应用。如要进行其他风险性高、探险性强的运动项目，一定要接受更加专业的绳索训练，切勿盲目使用。

一、地貌风险与绳索准备

1. 地貌风险

（1）滑坠

行走在陡峭的湿滑路面或冰雪路面（坡度大于30°）时，如果滑倒，就有可能加速往低处滑落。若不能及时停下来，便有可能掉下悬崖，或者高速撞上大石块，危及生命。防止坠滑最好的办法是提前预防。预防滑坠主要采用修路加结组攀登的方式，这便离不开绳结的应用。

（2）脱落

户外遇到特殊地形需要向上攀爬，或是攀岩、攀冰等活动中，一旦意外脱落，如果没有防护措施，后果将不堪设想。这就要提前使用绳索等装备来保护自己。

（3）涉水

户外途经水流平缓、水不深的河段，可以运用涉水过河技术徒手过河。如必须经过危险激流路段，就需要架设绳索以确保安全。

2. 绳索装备知识

（1）结构

当今用于攀登的绳子的结构一律是芯鞘结构（Kernmantle），这种结构是爱德瑞德（Edelrid）公司在20世纪50年代提出的。在这种结构下，绳芯负责承受核心的拉力和冲坠的力量，绳鞘提供一部分拉力，增加耐磨性和手感。

（2）绳子的延展性

根据延展性的不同，户外用绳通常分为静力绳和动力绳。静力绳的延展性很小，一般只有3%左右；动力绳的延展性在7%左右。延展性大的绳子，优点是脱落时绳子的延展可以吸收掉很大一部分势能，这样脱落时产生的势能作用到身上的力就会很小，从而起到保护身体的作用。静力绳也具有一定的延展性，但较弱，不适合用于先锋攀登。

（3）绳子的承载力

户外的辅助用绳（辅绳不是主绳，不能用于攀岩保护）承载力要大，一般要求不低于600千克。因为脱落产生的下坠冲力可能会是自身体重的倍数，所以需要给绳子留够承载的余量。

（4）绳子的直径

绳子直径过细会刺手，影响抓握效果；过粗则意味着绳子重量的增加。因此，推荐用绳的直径为6～10毫米。

（5）其他装备

与绳配套使用的装备通常还有绳套、安全带和主锁。绳套和主锁的连接使用会减少一些绳结的使用，因为绳结会消减绳子的承载力；同时，这可以减少绳索不必要的摩擦，避免因此发生的损坏。一些绳索保护技术需要配合为特定用途设计的保护器才能使用。在户外使用绳索保护在陡坡行进时，一般要求佩戴头盔，以防上方落石导致人员受伤。

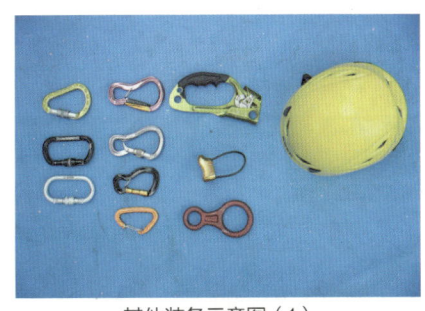

其他装备示意图（1）

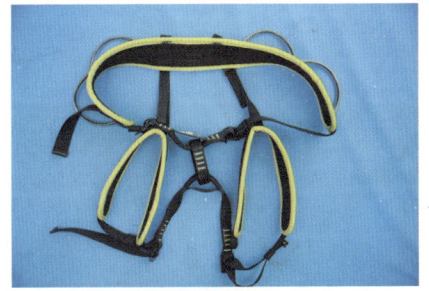

其他装备示意图（2）

其他装备示意图（3）

3.绳索准备

综合上述考虑，在进行户外运动之前，我们需要准备承载力大、柔软、轻盈、耐磨、切面圆形的尼龙绳。

二、绳结基本知识

课程主要介绍8种绳结和盘绳，这8种是户外运动中常见和经常使用到的绳结，需要大家熟练掌握。

1.布林结

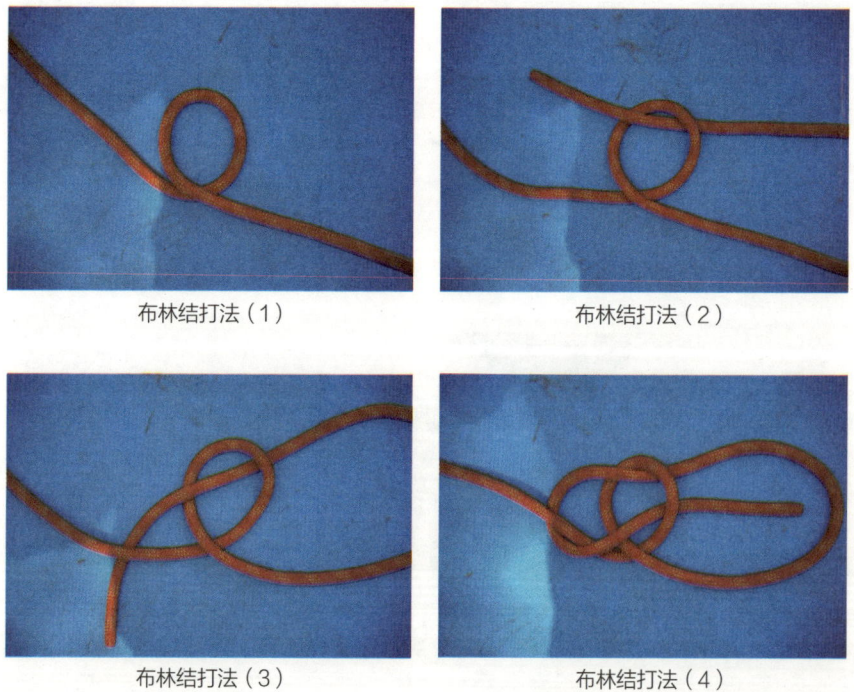

布林结打法（1）　　　　　布林结打法（2）

布林结打法（3）　　　　　布林结打法（4）

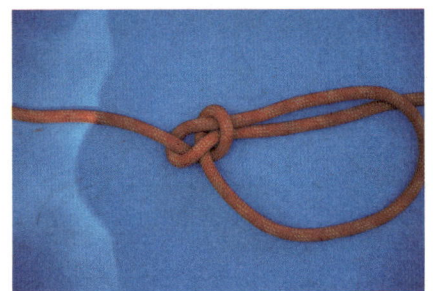

布林结打法（5）

打法：在绳索中间打个绳环，将绳头穿过绳环中间，绳过主绳再次穿过绳环，拉紧绳结。

用途：布林结可以设置保护站、拖拉重物、连接物体、固定物体，甚至用在帐篷防风绳和帐篷的连接等。

特点：属于绳端连接。越拉越紧，易结易解，但其缺陷也相当明显，即在绳结不受力和受力不稳定时很容易松动脱开，尤其在先锋攀登时，绳结有可能因活动而松脱。因此，在使用中一定要用防脱结做末端处理，并时时进行受力检查。

2. 双渔人结

打法：两绳端各自绕过另一条绳，绕两圈，打一个单结，拉紧绳结。

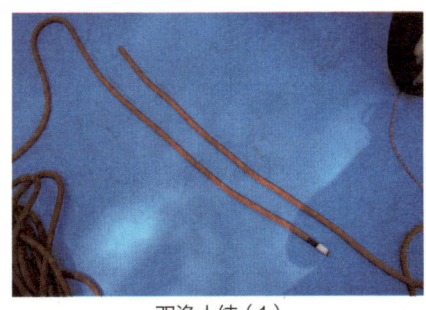

双渔人结（1）

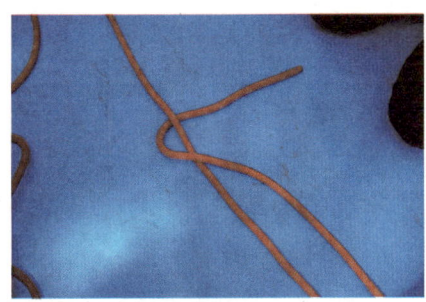

双渔人结（2）

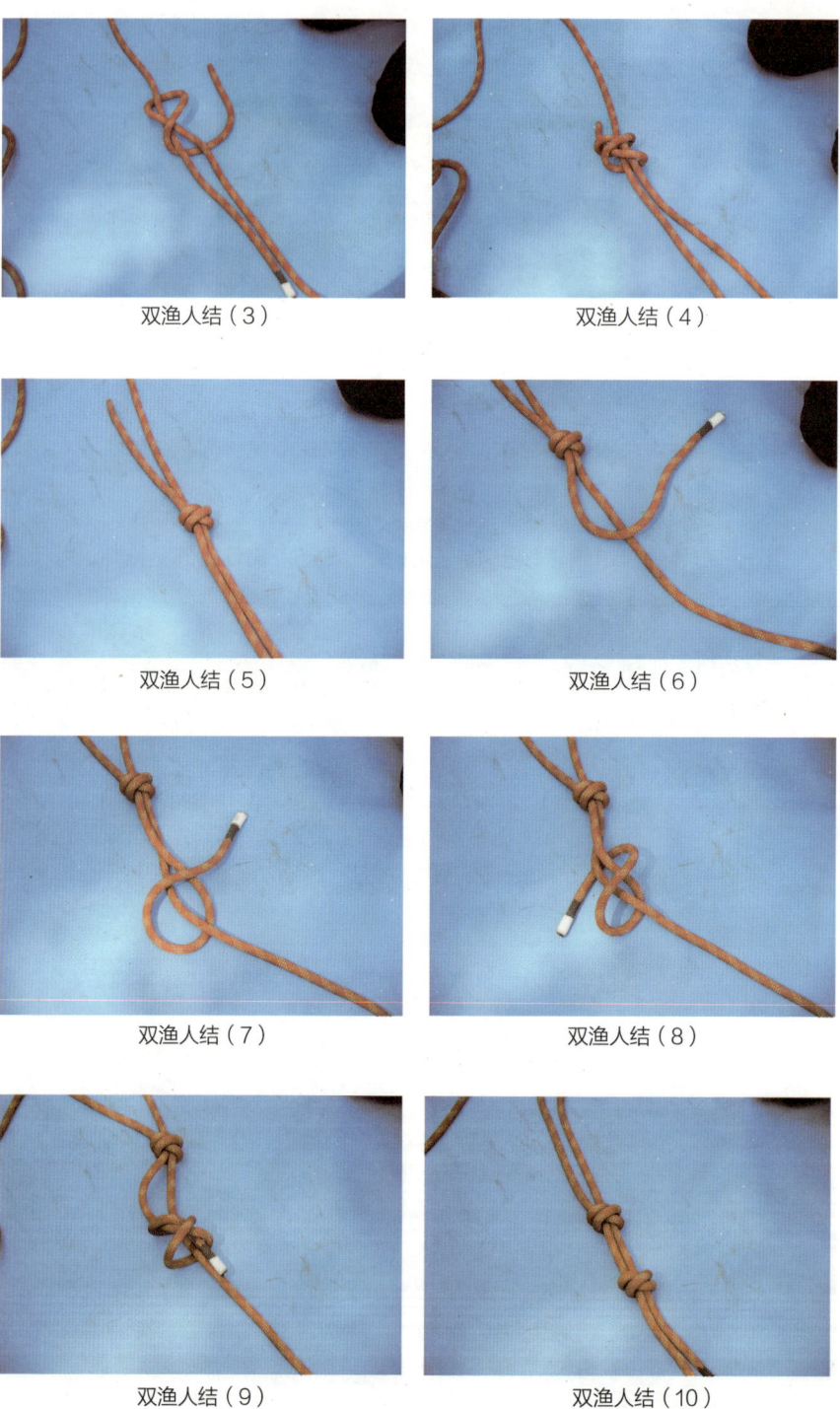

双渔人结（3） 双渔人结（4）

双渔人结（5） 双渔人结（6）

双渔人结（7） 双渔人结（8）

双渔人结（9） 双渔人结（10）

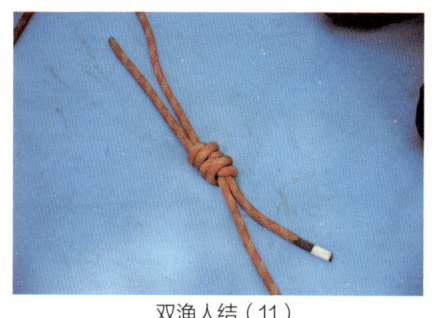
双渔人结（11）

双渔人结（12）

用途：主要用于相同直径、相同材质、相同规格绳索的相互连接。打好后可以形成完整的绳套，可用于下降制动抓结、牛尾的长绳套等。

特点：连接绳头。双渔人结打好后十分牢固，越拉越紧，但是长期拉紧后很难解开。

注意事项：打好的双渔人结应该是等号对等号，交叉对交叉。绳尾留长是绳子直径的8～10倍。

3. 蝴蝶结

圆圈打法：打两个绳圈，把下面（左边）的绳圈向上（右）拉到后方，再穿过上面（右边）的绳圈，拉紧绳结。

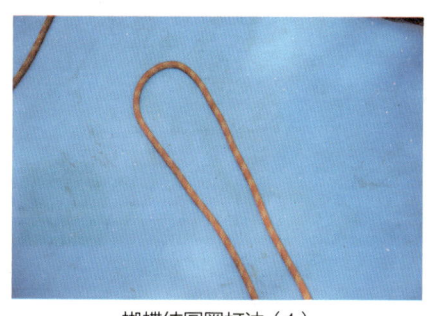
蝴蝶结圆圈打法（1）

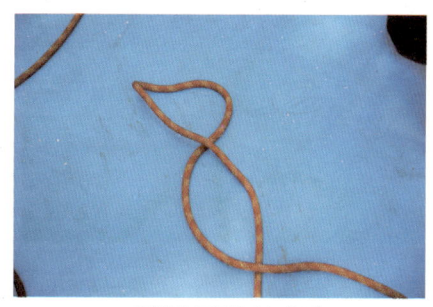
蝴蝶结圆圈打法（2）

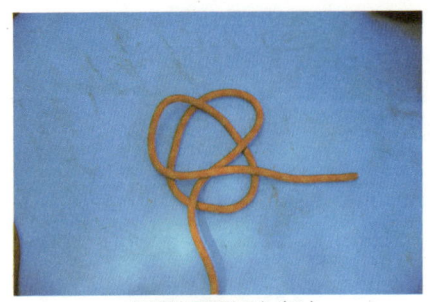
蝴蝶结圆圈打法（3）

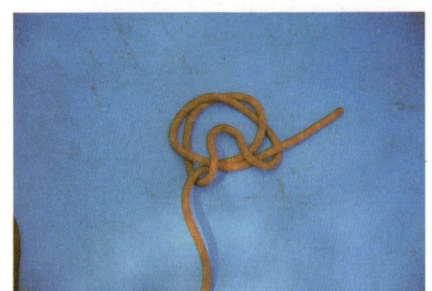
蝴蝶结圆圈打法（4）

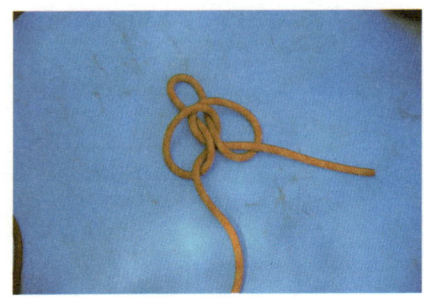
蝴蝶结圆圈打法（5）

蝴蝶结圆圈打法（6）

手缠打法：在手上按下图示范方法绕圈，拉住最右端的部分到左边，从手心穿过绳，拉出，再横向拉紧下方留出的两根。

蝴蝶结手缠打法（1）

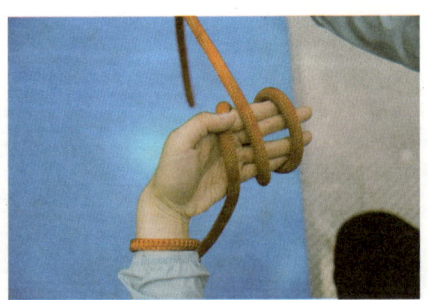
蝴蝶结手缠打法（2）

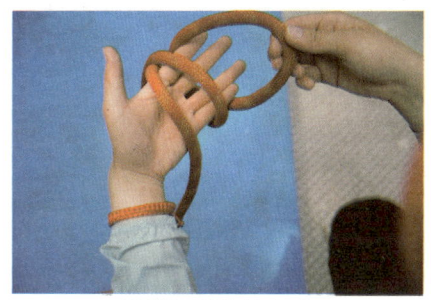
蝴蝶结手缠打法（3）

蝴蝶结手缠打法（4）

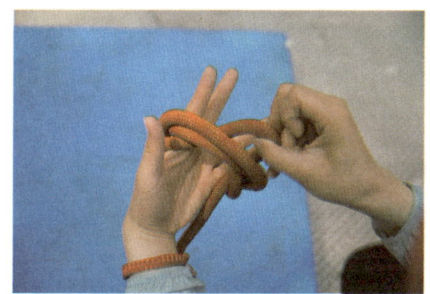
蝴蝶结手缠打法（5）

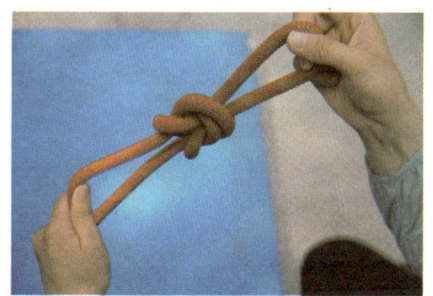
蝴蝶结手缠打法（6）

用途：主要用于两人以上结组中连接中间人（将自己的牛尾和蝴蝶结连接，这样即便滑坠，也不至于冲击到队友），也可以用来设置路绳，做抓握借力节点。

特点：用于绳的中间连接，两个绳端和绳圈三个方向受力，优点是不易变形，绳结稳固，缺点是受力后较难解开。

4. 双套结

打法：有两种，一种是在封闭的物体上打，将绳子缠绕一圈在物体上，让绳子形成一个Y字形交叉点，绳头从Y字交叉点中间穿出来即可；另一种是用锁连接，打两个并列的绳圈，把绳圈叠在一起（不翻折），用锁扣住两个绳圈，拉紧绳结。

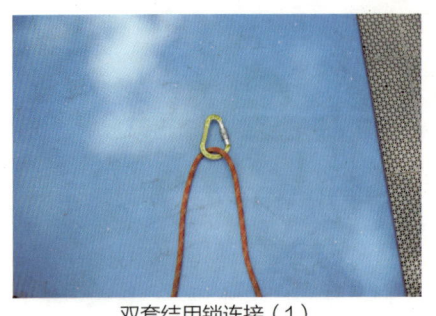
双套结用锁连接（1）

双套结用锁连接（2）

双套结用锁连接（3）

双套结用锁连接（4）

用途：双套结在结组攀登中用处很大，可以快速成结，也是中间绳段的固定绳结，同时又可以非常便捷地调整绳结两端的绳索长度。因此，在户外运动中往往用于路绳中间节点的保护点设置用绳结，通常用于牛尾的锁和长绳套的连接。

特点：属于绳中连接。打法简单快捷，两段绳都可以受力。向绳结方向推动一端绳时容易调节两端绳长。

5. 抓结

抓结有多种不同的类型，如单耳自动抓结、双耳自动抓结、普鲁士抓结、巴克曼抓结、克氏抓结等。其中克氏抓结是最常见的抓结类型之一。

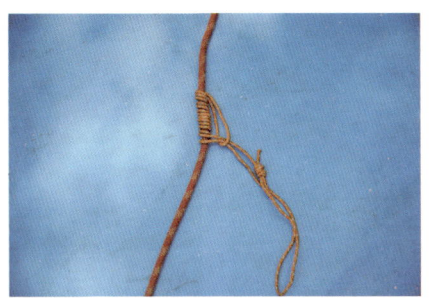

单耳自动抓结

双耳自动抓结（1）

双耳自动抓结（2）

普鲁士抓结

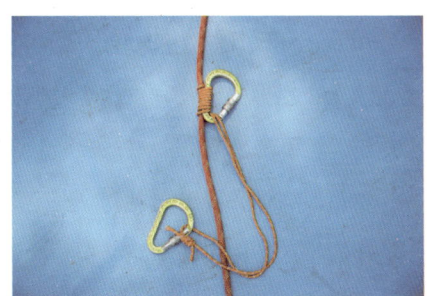

巴克曼抓结

打法：首先把绳套或扁带套的一端贴近绳子，留出一个小圈，其余部分在绳子上绕若干圈，最后从小圈中穿出来，扣锁连接安全带或系统的其他部件。

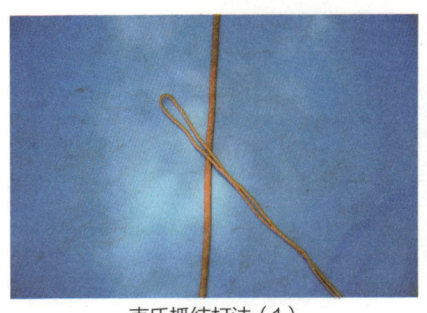
克氏抓结打法（1）

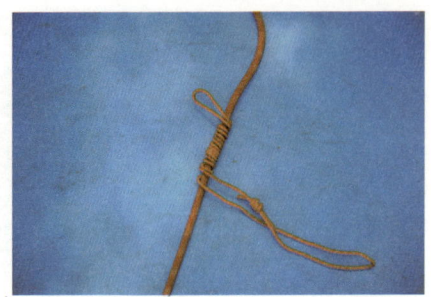
克氏抓结打法（2）

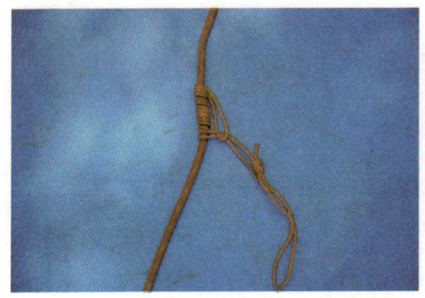
克氏抓结打法（3）

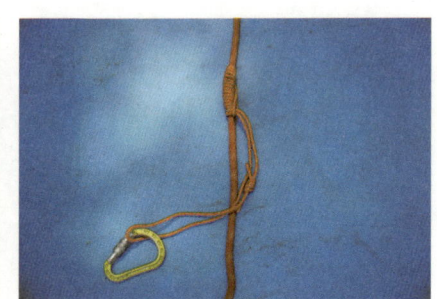
克氏抓结打法（4）

用途：克氏抓结（Klemheist Knot）是一种下降绳结，主要用途是防止滑动，或是在抓握手放开时可做暂时抓握，在特定情况下可用来代替上升器，主要用于保护下降。

特点：抓结只能单向制动，在受力收紧后可能较难调节，这时只要把绳套上的小圈推松，即可让绳圈一次松弛下来。在使用克氏抓结沿绳上升时，经常需要这样的操作。抓结绳子柔软与主绳直径越悬殊，绳结抓握效果越好。

6. 绳尾结

打法：在手指上缠绕绳圈（至少两圈），每一圈平行压住第一圈，撤出手指，绳头从圈中穿出，收紧绳结。

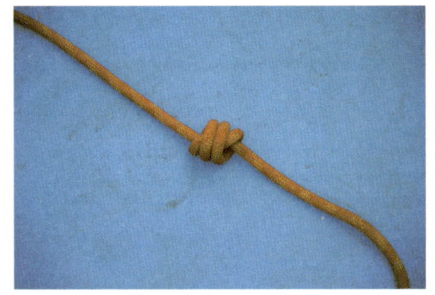

绳尾结

用途：任何绳结打好以后，均要进行末端处理——绳尾结。末端处理就是给绳结做备份，尽管很多绳结非常牢靠，但有可能因为摩擦等原因而发生松脱等问题，所以备份是攀登者所要遵循的基本原则。

注意事项：末端处理应尽可能靠近绳结，留出的绳头约为绳子直径的5～8倍比较合适，如10毫米的绳子打结并进行末端处理后的绳尾应在5～8厘米。太长会影响操作，成为隐患，也不美观，而太短容易松脱，也不易收紧。

7. 交织结

打法：将粗绳对折，细绳穿过粗绳，在对折的两段粗绳进行自上而下的缠绕（至少两圈），绳头穿过下方孔径，细绳的两端需在孔径的异侧。

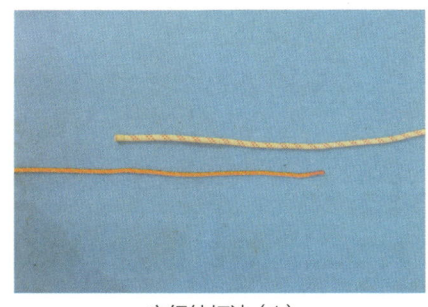

交织结打法（1）

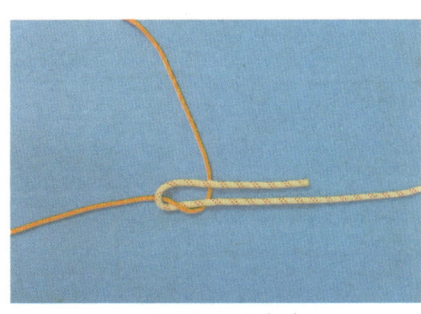

交织结打法（2）

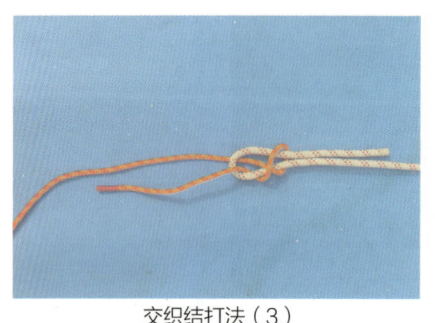
交织结打法（3）

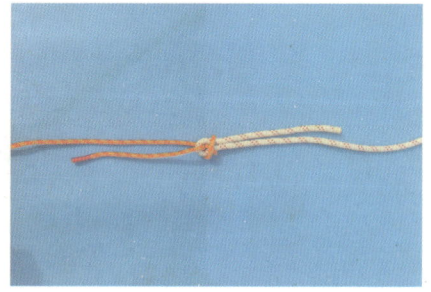
交织结打法（4）

用途：交织结，又称天蚕结。用于两根直径不相同、质地不相同的绳索之间的连接，在户外活动中经常用于物品打包、渔猎时一些绳索的捆绑等。

特点：交织结在受力时是紧固的，一旦卸力，绳结容易松脱。

注意事项：必须是细软的绳子围绕粗硬的绳子。

8. 盘绳

方法：挂在脖子上，用手在两侧用来回放置绳子的方法盘绳。把绳子盘成马鞍状后，抓住绳子两端，缠绕绳子中部数圈，让绳子穿过绳盘上部的绳圈形成另外一个绳圈。抓住绳尾穿过此绳圈，把剩下的绳子完全穿过此圈。

盘绳方法（1）

盘绳方法（2）

盘绳方法（3）

盘绳方法（4）

用途：收好绳子，方便存储和运输，为下一次使用做好准备。

注意事项：盘绳前需先理绳（双手从绳头一端到另一端整个捋一遍，检查中间是否有破损或绳结，与此同时理顺整条绳）。

注意：

在任何情况下都应尽量避免踩绳。绳索会因被踩踏而发生磨损，严重的甚至会导致内芯断裂。此外，若是有小石子等跑进了绳子内部，在负重时也可能会有断裂的危险。绳结的使用会因绳子的性能、粗细、材质不同而有所不同，所以不仅要了解绳结的优点，还要了解绳结的限制。

任何绳结对绳子的强度都有一定损伤，在打绳结时，如果绳子扭曲，会使绳子的受力状态发生改变，影响绳结性能，所以打绳结前及打结过程中，必须把绳子理顺，尽量顺应绳子的自然方向，减少扭曲程度。这样打出的绳结顺畅、美观，易于检查。绳结的运用并没有完全固定的模式。这需要丰富的实践操作经验，根据具体情况进行判断。

三、陡坡下降保护

在陡峭的崖壁下降或大于60°的陡坡下降时，可使用下降器进行下降。在小于60°的陡坡下降时，可分为以下两种情况。[①]

1. 布林结+保护点（有同伴时）

在被保护者腰间打布林结和防脱结，保护者处于安全稳定的位置，保护者降低重心（坐地），用腰部作为保护点缓慢放绳，被保护者时刻注意后方路况。腰部较难承重时，可以增加保护点（如树）。

2. 南非式下降（徒手）

找到绳的中间点，绕过保护树干，两绳端打绳尾结，将两端的绳头放至坡底（安全的位置）。自身处于两段绳中间，绳在身后腰部交叉，绕回身前，分别从胯下绕至身后合为一股，用惯用手握住，缓慢放绳下降。在下降过程中注意后方状况，双脚与肩同宽，注意不要踩绳。到达安全地点后解开，抽取绳的一端即可收回绳子。

风险提示：如果没有下降器，遇到超过60°或超出能力范围的陡坡，切勿冒险徒手下降，而是应该退回或找其他路线绕行。

四、绳套、绳索搬运与携带

当队友在户外出现伤病无法行走时，可以用绳索制成绳套背架、抬架或担架进行搬运。

[①] https://www.bilibili.com/video/BV1aC4y1W7mu?spm_id_from=333.999.0.0

1. 绳套搬运

绳索可以制作成简单的绳套背架和抬架。

2. 绳索编织担架

绳索可以制作成简易担架。

思考题：

1.在山野环境中，我们可以使用绳索保护或绳结技术来化解哪些状况？

2.在参与户外徒步穿越运动时，我们需要带怎样的绳子？

3.属于绳段中间结的有哪些？属于绳子连接结的有哪些？

4.打完绳结后需要做什么处理？

5.陡崖下降保护有哪些方法？

6.想要用绳子实现物体的搬运与携带可以制成什么？

第7章
食不厌精，脍不厌细——户外运动身体补给基础技能

民以食为天，在需要良好体能和营养支撑的户外运动中尤其如此。学习身体补给的基本原理，合理安排日常训练与户外运动中的饮食计划，才能为良好的运动表现提供保障，收获愉快的运动体验。

区别于在人工场地内开展的运动，户外运动常常在罕有人迹的自然环境之中进行，持续时间可能长达几天甚至几个月。虽然中途可能有一些补给点，但参与者们依然经常需要采用背负的方式随身携带补给。长时间的户外运动会消耗大量体力，只有及时摄入能满足人体需求的饮食，补充体力，才有可能维持良好的身体状态，完成运动目标。而有限的携带饮食的能力，保存、烹饪食物的条件，以及进食的特殊环境则要求对户外运动中的身体补给做出精细的计划和准备。

我们有必要了解人体在户外环境下的饮食需求，掌握户外运动餐食准备的基本原则和方法。

一、身体补给基本原理

人体需要多种营养物质，它们参与代谢，维持人体生命活动。根据《营养师培训教程》的定义，营养素是指"食物中可给人体提供能量、构成机体成分和组织修复以及维持生理调节功能的化学成分"，"凡是能维持人体健康以及提供生长、发育和劳动所需要的各种物质均称为营养素"。

一些营养物质是人体无法合成，必须从食物中摄取，包括7大类：碳水化合物、脂肪、蛋白质、无机盐（矿物质）、维生素、水和膳食纤维。

1. 能量营养素：碳水化合物、脂肪、蛋白质

碳水化合物、脂肪、蛋白质是为人体提供能量的营养素。

注意：

1卡路里（cal）代表的能量值是标准大气压下1克水升高1℃所需的能量。在营养学中，"卡"一般指大卡，代表的能量值是1000卡路里，因此也称"千卡"（kcal）。

（1）碳水化合物

碳水化合物种类繁多，在人体能量供给中发挥的作用也各不相同。人从食物中摄入的大部分碳水化合物经过消化道被分解为单糖，吸收到血液之中；一部分以肌糖原和肝糖原的形式储存下来，当糖原储备饱和时，剩余的糖则被转化成脂肪。据相关资料所述，碳水化合物的分类如下表：

碳水化合物的分类

简单碳水化合物	糖	单糖（单分子碳水化合物）	葡萄糖 果糖 半乳糖	一些糖或简单碳水化合物容易引起血糖水平快速上升，从而刺激过量胰岛素的产生并导致血糖水平快速下降。葡萄糖和麦芽糖对血糖的影响最大
		双糖（双分子碳水化合物）	蔗糖 乳糖 麦芽糖	

续上表

复杂碳水化合物	可部分消化的多糖	低聚糖（3~20分子碳水化合物）	麦芽糖糊精 低聚果糖 棉籽糖 水苏糖 毛蕊花糖	可部分消化的多糖，通常存在于豆类中，尽管它们可能产生气体并引起腹胀，但仍被认为是有益健康的碳水化合物
	多糖	可消化的多糖（20以上分子的淀粉类碳水化合物）	直链淀粉 支链淀粉 葡萄糖聚合物	这些复杂碳水化合物应作为碳水化合物能量的主要来源。葡萄糖聚合物由淀粉水解而成，通常用于运动饮料和运动凝胶中
		不可消化的多糖（20以上分子的非淀粉类碳水化合物）	纤维素 半纤维素 果胶 树胶 黏胶 藻类多糖 B-葡聚糖 果聚糖	这些复杂的碳水化合物能够提供纤维素，纤维素对促进胃肠道健康和提高抗病能力至关重要
其他	其他碳水化合物		甘露醇 山梨糖醇 木糖醇 糖原 核糖（五碳糖）	甘露醇、山梨糖醇和木糖醇（糖醇）是不会引起蛀牙的营养性甜味剂。由于其具有保湿性和食物稳定性，因此通常用于食品加工中。但是其消化速率慢，大量食用会引起肠胃不适。糖原是动物体内碳水化合物的主要储存形式，核糖是遗传密码（脱氧核糖核酸，或称DNA）的组成成分

133

血糖、肌糖原和肝糖原是进行身体活动时主要的能量来源。其中，血糖为大脑供能，血糖降低会引起神经疲劳，进而引发肌肉疲劳；肌糖原转化为葡萄糖，以ATP形式为肌肉供能；肝糖原则可转化为葡萄糖供全身利用。

人体储存碳水化合物的能力是有限的，为了满足对碳水化合物的需求，人体可以通过非碳水化合物（脂肪、蛋白质、乳酸系统）生成碳水化合物。这容易导致肌肉分解。与利用脂肪与蛋白质供能相比，碳水化合物的消化吸收更完全，供能效率更高。

高强度、长时间的运动会增加人体对碳水化合物的依赖性，而在极热或极寒环境、高海拔条件下，人体对碳水化合物的需求会进一步增加。因此，在户外运动中，应当及时、足量地补充碳水化合物。

（2）脂肪

脂肪具有储存和供给能量、维持体温、提供必须脂肪酸、促进脂溶性维生素的摄入与吸收等生理作用。人体有合成脂肪的能力，这降低了从饮食中摄入脂肪的必要性。在一般情况下，人们无须在饮食中刻意增加脂肪的摄入，但由于脂肪是一种高密度的能量物质，高脂肪含量、小体积的食物可以提供更多热量。对于每日需要超过4000千卡热量的户外运动者而言，摄入脂肪含量较高的食物能更容易补充足够的能量。

（3）蛋白质

食物中的蛋白质是合成身体所需的各种蛋白质的原料，身体不能合成的蛋白质被称为必需蛋白质，可以合成的则被称为非必需蛋白质。当其他供能营养素不能满足身体需求的时候，蛋白质也会被分解提供能量。这种供给能量的方式并不划算，采用摄入不足量的脂肪与碳水化合物与过量的蛋白质的饮食方案并无明显益处。

在大多数情况下，正常人每天所需的蛋白质可以按照每天每千克体重0.8克来计算。在进行强度较大、时间较长的户外运动时，由于部分蛋白质会被消耗,用于供给能量,因此所需蛋白质可能达到平时的1.5～2倍。有意识地在饮食中安排一定量乳制品、肉类与豆制品,满足蛋白质的需求并不困难。

2. 维生素

维生素分为脂溶性维生素与水溶性维生素两种。水溶性维生素包括B族维生素、叶酸、生物素、维生素C等,如果不存在能量摄入不足的问题,大多数人能够摄入充足的水溶性维生素;脂溶性维生素包括维生素A、维生素D、维生素E、维生素K。身体具有储存脂溶性维生素的能力,但可储存的量是有限的,定期服用脂溶性维生素补剂很容易达到产生毒性的水平。

维生素摄入不足会导致一系列健康问题,最好的摄入维生素的方法是尽可能吃种类丰富的新鲜水果和蔬菜。在长时间的户外运动中,如果不能做到摄入足量的新鲜水果和蔬菜,确实存在维生素缺乏的风险;但过量摄入维生素常常也是有害的。因此,除非明确存在维生素缺乏或确实无法从食物中获得充足的维生素,否则不建议服用维生素补剂。

注意:

维生素C能够促进铁吸收,对于促进肌肉恢复具有一定作用。在较长时间内无法做到大量摄入新鲜蔬果之时,少量的补剂能起到安全保障的作用。

3. 矿物质

矿物质与身体中的有机物协同发生作用,对于强化骨骼、调节细胞新陈代谢、维持血液与组织酸碱度具有重要意义。人体所需的矿物质分为常量元素(钙、磷、镁、钠、氯化物、钾)与微量元素(铁、锌、碘、硒、铜、锰、铬)。

钙对于维持骨密度很重要,摄入充足的钙能为坚实的骨骼打下基础。乳制品、豆类、焯水去除草酸之后的深绿色蔬菜是钙的良好来源,此外,经常运动，摄入充足的维生素D也有利于钙的吸收。

运动期间大量流汗会导致钠和氯化物的快速流失，低钠血症是高温高湿环境下运动的潜在风险因素，可以适当食用含盐量较高的食物或饮用含碳水化合物与电解质的溶液，保证体液平衡。

注意：

高温环境下剧烈运动的汗液流失可达到2.5升汗液，按每升汗液中含有50毫摩尔钠计算，相当于每小时流失7.5克氯化钠。

铁元素与氧气运输、维持耐力、提高免疫力有关，而铁元素缺乏在人群中（尤其是在儿童中）发生率高。保证充足的铁元素摄入有利于维持运动表现。肉类与其他动物性食物是铁的最佳来源。

注意：

素食者存在多种营养素缺乏的风险，在从事长时间、高消耗的运动时，需要量身制订营养计划。

4. 水

水是人体含量最多的成份，是身体循环系统的重要一环。正常人每天需要饮用2～3升水，而运动量增加和炎热、潮湿的天气都要求饮用更多的水。户外运动时必须保证能够获得充足的饮用水，以保持良好的身体水合状态，维持出汗速率和正常体温。缺水可能导致血容量下降、疲劳、体温升高、中暑等问题，甚至危及生命。长时间户外运动中的缺水现象相当普遍，应该充分认识及时补水的重要性，树立主动补水的意识。

口渴不是身体需要补充水分的信号，而是指示身体已经处于严重缺水状态。应当在感到口渴之前，就有意识地补充水分。可以通过尿液颜色判断身体水合状态，正常情况下的尿液应是淡黄色，如果尿液颜色加深，则表示身体缺水。

在日常训练中，可以通过体重监测计算训练中的液体丢失量：记录运动开始与停止的时间，称量净体重的变化。以10~20分钟一次的补水频率补充质量相当于减少的体重的液体。

注意：

在大量出汗的同时饮用大量白开水会提升低钠血症发生的风险，饮用运动饮料或含有20mmol/L的氯化钠溶液能够避免运动中的钠缺乏。

根据《背包客》中所述，水分流失会产生以下后果。

水分流失的后果

流失 1%~5%	流失 6%~10%	流失 11%~12%
口渴	头痛	精神错乱
不舒服	晕眩	舌头肿胀
没有生气	口干	痉挛
急躁	四肢刺痛	耳聋
没有胃口	皮肤出现蓝斑	视野变暗
皮肤发红	言辞含糊不清	皮肤失去知觉
脉搏加快	呼吸困难	皮肤开始萎缩
恶心	不能行走	不能吞咽
虚脱	视线模糊	死亡

5. 膳食纤维

膳食纤维是食物中含有的不能被人体消化吸收的纤维物质，包括纤维素、半纤维素、树胶、果胶、木质素等，具有促进胃肠道蠕动、降低餐后血糖、预防胆固醇过高与肥胖等生理意义。户外运动饮食中应当含有适量植物性食物，以保证膳食纤维的摄入。

二、饮食计划的制订原则

1.制订饮食计划需要考虑的几种因素

户外运动中的饮食区别于日常饮食，需要考虑户外环境的特殊性与长时间运动下人体的能量需求。我们可以通过估算重量、核算总量、分解食品种类、计划与准备、拆分打包五步来筹划安排一次户外运动中所需的食品食材。制订饮食计划的基本原则有：高能量，便携，烹饪简便，总量充足。

在一般情况下，制订饮食计划需要综合考虑以下几种因素：人数、时长、食量；天气、体力耗费程度、海拔；重量、打包与储存、废弃物处理方式；营养均衡、食物偏好与忌口、安全性；采购便利程度与价格。

注意：
如果户外运动中途设有补给点，应该提前规划每个补给点的补给量，并根据实际情况及时做出调整。途中一切可能的补给点在计划时都应当考虑，以应对特殊情况下的紧急补给需求。

人数、时长、成员食量是决定应该携带的食物量的基本因素。天气会显著影响人们需要的食物类别、饮水量与口味偏好。在炎热的天气中，人们往往更偏好清爽的食物，需要补充更多的水和电解质；而寒冷天气则需要更高热量、口感更醇厚的食物，人们会更希望在营地获得温热的食物和水。如果体力耗费程度较高，就相应需要更多的能量摄入，但人体在高消耗的疲劳状态下，可能进食欲望反而降低，为满足身体需要，饮食的适口性需要受到重视。在高海拔地区，寒冷、高原反应等问题极易导致食欲下降。户外运动参与者往往只有刻意进食更多的食物，才能满足人体基本需要。

在大多数情况下，制订饮食计划时需要考虑食物的便携程度，减少食物总重量与体积。只有在可以通过车辆运输食物与炊具时，过大的重量才不会造成影响。此外，户外运动中的食品食材还需要尽量便于打包，不易变质，易于储存。此外，应当尽量选择产生的废弃物体积小、易于带走或易降解、环境影响小、便于处理的食品食材。

注意：

在准备食物时可以除去不必要的外包装，按需分成小份装入密封袋。

由于食物需要装入登山包或口袋携带，因此一些柔软、不耐挤压的食物需要谨慎选择与打包储存。

利用烘干设备对食物进行脱水处理，能够减少重量和体积，延长存放时间。虽然热烘干会导致一定量的营养流失，但仍优于几乎不食用蔬菜和水果。但食用脱水食物可能需要同时消耗更多水。腌制、急冻也可以延长食物保质期。

在计划饮食之时需要考虑营养均衡的问题。与正常饮食相比，户外运动期间的大体力消耗要求更高的热量摄入。一般而言，短期的营养不均不会对人体健康产生显著影响，保证总摄入量更应受到重视。短时间户外运动可能存在的问题主要是电解质流失，长时间户外运动的营养风险主要源于新鲜蔬果和肉类摄入不足。

注意：

过量摄入一些矿物质或维生素会带来健康风险。在不存在明显缺乏时，应当谨慎使用大多数补剂。

短期行程中的补液盐、长期行程中的维生素C含片或泡腾片是常用的额外补充营养物质的补剂。

由于参与户外运动时可能食欲下降，同时又需要高于平时的能量摄入，因此饮食偏好是应当被充分重视的。美味的食物能让人们吃得更多，更享受户外运动的过程。有时候，为迎合饮食偏好，选择更重的食物是有必要的。例如：新鲜的、水分充足的水果往往更重，但在户外运动中能带来极高的幸福感；一些可口的零食点心也有类似的作用。来自自然环境的水可能存在异味，这时可以选择冲调饮料粉掩盖异味。在为长时间的户外运动制订饮食计划时，可以收集成员的饮食偏好与忌口。

要尽量避免选用平时很少食用的食品，事先调查成员是否有食物过敏史。在野外环境中，如果发生食物过敏或其他原因导致的肠胃问题，处理难度较大。

此外，在实际准备饮食时，采购的便利程度与价格也是重要的影响因素。如果需要在不熟悉的地区采购，可能需要提前了解物价与市场售卖的商品。

2. 饮食计划量化计算方法

美国国家户外领导力学校（National Outdoor Leadership School，NOLS）的大定量配给法是可供参考的一种计算户外运动配给的量化方法。

按照以下原则，确定每人每天的食物配给量（pounds per person per day，ppppd）。

1.5ppppd：700克，2500～3000千卡（每人每天，下同），炎热的白天和温暖的夜晚，设有主营地或短期户外活动，运动量不大的休闲户外游。

1.75～2ppppd：800～900克，3000～3500千卡。白天和夜晚都气温温和，重装徒步，运动强度中等偏上。

2～2.25ppppd：9000～1000克，3500～4000千卡。白天凉爽而夜晚寒冷，重装徒步或冰上活动。

2.5ppppd：1000克，4000～5000千卡。白天寒冷，晚上更冷，重装或冰上活动，需要高能量供给。

美国国家户外领导力学校还根据美国人的饮食习惯给出了不同ppppd情况下每种类型食物的类别乘数，附在下面以供参考。计算方法：

每种食物质量＝类别乘数×人数×天数（单位：磅）

其中各种类型的食物可以依据个人喜好，用近似类型的食物替换。

不同 ppppd 的类别乘数

食物分类	1.5 ppppd	1.75ppppd	2ppppd	2.25ppppd	2.5ppppd
早餐	0.24	0.28	0.33	0.35	0.38
正餐	0.27	0.32	0.35	0.37	0.40
奶酪	0.19	0.22	0.24	0.26	0.28
路上小食	0.32	035	0.37	0.45	0.49
面食和焙烤类	0.11	0.13	0.16	0.09	0.10
糖和水果饮料	0.10	0.12	0.14	0.15	0.18
汤、底料和甜点	0.06	0.09	0.13	0.15	0.19
牛奶、蛋类、人造黄油、可可	0.21	0.24	0.28	0.31	0.33
肉类和肉类替代品	0	0	0	0.12	0.15

焙烤类食物的需要在冬天会有所降低，因为在冬天，几乎只能做方便快捷的烤制食物。

冬天，人体所需的热量较高，这就要添加一些高脂肪含量和不易腐坏的食物。

非极端情况下，不考虑通过捕猎、采集等方式获取食物。一方面，这种行为极具危险性，无论是食物中毒、细菌、病毒感染，还是野生动物的攻击，都可能是致命的；另一方面，这不符合LNT原则的要求，参与户外运动应当尽可能减少对自然环境的影响，应当始终对自然心存敬畏。

三、饮食计划的组成部分

1. 水

在制订户外运动饮食计划时，需要规定成员们在出发时携带多少水，并事先考察途中的补水点与能够补充的水量。携带大量饮用水会显著增加负重，最佳的状态应是保证饮用水充足而不过量。

人体每日需水量因温度、湿度与活动量的变化而变化，不同个体对水的需求也存在一定差异。根据《中国居民膳食指南》（2016），每人每天需要1500～1700毫升饮用水。为保证户外运动中的身体需求，同时考虑烹饪过程中的饮用水消耗，在寒冷、出汗较少的情况下，每人每天至少需要2升饮用水；而在炎热、出汗较多的情况下，每人每天饮用水需求量可能达到3～6升。如果只考虑途中用水，不考虑早餐、晚餐在营地的用水，每人每天携带的水量约为1～3升，同时要保证在营地补充足够的水分。

在户外运动的行进途中，应当让自己能尽量方便地喝到水，有意识地少量多次饮水。要清楚自己还有多少水，以合理分配饮水量。

当天气寒冷时，要特别注意饮用水的存放问题，避免结冰。可以使用具有保温功能的水瓶、水袋，用备用衣物包裹储水容器，在营地时将储水容器放入睡袋内。

注意：

可以将大部分水装在登山包内便于取得的位置（这是因为水的比重较大，放在登山包内靠近身体的位置更容易平衡整个登山包的重量。如果将大瓶水直接放在侧袋，则可能存在重量分配不合理的问题。但这并非绝对的原则，具体装包过程中应当根据实际情况做出调整。参见第5章有关装包技巧的内容），同时在登山包侧袋中放一小瓶水以便随时饮用，并在休息时及时补充小瓶中的水。

带有吸水口的水袋是户外运动中常用的储水装备。将吸水软管从登山包中伸出，固定在肩带上，就可以在行进中随时方便地啜饮。这种补水方式十分便利。在使用水袋时，要注意剩余的水量，避免在不知不觉中喝掉超出份额的水，导致后续水量不足。把握耗水量的一个小技巧：不要用一个水袋盛放你的所有行进间用水，而是选用较小的水袋，在休息时分次向水袋里添加水。

在进行较长时间的户外运动时，我们无法携带几天里需要的所有水。如果途中没有村庄、商店一类的补水点，则需要从自然环境中获取水。下面介绍一些在自然环境中获取与处理饮用水的方法。

从具有良好自净能力的溪流中获取水源是最为便利的，一般而言，清澈、无异味的水都可以安全饮用。人们在设计徒步路线时，常常会将营地设置在靠近河流的安全地带。切记事先通过地图查看附近有无可能排放有害物质的工厂，若河水存在异常的浑浊情况（不是因为上游下过雨等自然因素），则要谨慎取用河水。如果直接取用的水中泥沙杂质较多，可以在离水边1～2米的沙地挖深度低于水平面的小坑，渗流到坑中的水会相对干净。

断崖或岩石中流出的水一般比较安全，从杂草中流出的水则不宜取用。如果在同一营地长时间停留，也可以搭设收集雨水或蒸发、蒸腾水的设备来获取水源。

在冰雪环境中，融化冰雪获取水源是最容易的，这种方法的缺点是比较耗费能源。尽量把冰碎成小块，可以加快融化速度。往已经化开的水中加入雪团并加热，融化速度也会比直接加热雪团更快。利用阳光融化冰雪也是节约能源的好办法。

煮沸能够去除水中大多有害细菌，使用明矾沉降、饮用水消毒片也是不错的净化饮用水的方式。但这些方法可不能去除水中的泥土、植物的味道。因排斥水的味道而减少饮水会增加脱水风险，这时可以冲调饮料粉来掩盖水中的异味。

2. 行动粮

行动粮是指放在口袋中或其他易于取得的地方、随时方便食用的食物。一般选用富含碳水化合物和脂肪、方便食用的小份食物，坚果、果干、饼干、小面包或其他高能量的小零食都是不错的选择。长时间户外运动会持续消耗体力，在行进途中随时补充能量能够保证身体能量供给，延缓疲劳。

3. 营地粮

在营地，我们有较充足的时间、便利的环境安排餐食。营地粮的选择根据营地条件、用餐时间、饮食偏好等决定。

在需要长途行进或白天在离开营地的地方活动的户外运动中，营地粮主要是早餐与晚餐。晚餐后有较长的休息时间，可以进食种类丰富、总量充足的食物，保证能量摄入总量与睡眠时的体温。而早餐后常常要随即继续行进，补充足够水分与充足能量也是必要的，选择易于消化、胃排空较快的食物能够降低餐后运动带来不适的风险。

营地是否能用火是选用营地粮时需要考虑的重要因素。高海拔地区气压很低，沸点低，煮熟食物会花费很长的时间，可以选择易于烹饪的食物或已经加工过的食物。

户外所用炉具炊具应当尽量选用高能效、轻量便携、易于使用、易于清洁的产品。常用的户外炉具炊具介绍详见第9章。

注意：

在野外环境中需要特别注意食物与残食的处理。需要把食物和食材密封好，隔绝气味，放置在帐篷内。食物的味道很可能引来野生动物，破坏营地设施或带来其他麻烦。已经掩埋的残食也可能带来风险。

4. 后备粮

后备粮是为没有按时到达营地，无法生火做饭，却又急需填饱肚子的情况准备的。一般选用方便直接食用、能提供饱腹感的熟食、主食。

5. 应急粮

应急食通常选用压缩饼干、能量棒一类高能量、小体积的食物，仅供发生意外、等待救援时应急食用。由于户外运动具有一定风险性，应急粮是饮食计划的必须组成部分。如果计划的出行时间为2a天，应急粮的储备应该至少能够供给a天的能量需求。

应当明令禁止成员在非突发情况下食用应急粮。

注意：

户外运动中饮食配给的"4－3－3"原则：在上山时消耗食物总量的40%，下山时消耗30%，留出30%的余量应急备用。

6. 食品食材的打包

在确定需要携带的各类食物总量，按类别划分好各餐饮食之后，还需要对食品食材重新进行打包，方便在户外取用。

（1）改变包装：对于容易洒、漏的酱料、冲调粉一类的食材进行密封与隔离处理；所有会产生气味的食材也应当被妥善密封。去除不必要的包装袋，重新分装减小体积。

（2）划分类别和分量：将行动粮分成便于每人贴身携带的小份；将每天的早餐、午餐、晚餐分别打包并做好标签；标明哪些食品属于应急粮。

（3）合理分配每位成员的背负量，清楚每份食材所在的位置。

（4）取用后如要重新分装，也需要遵循以上原则，做好标注。

一次户外运动结束后，许多人都会选择大吃一顿，既是成功挑战自我之后的奖励，也起到及时补充能量的作用。

注意：

户外运动的全过程都需要格外重视垃圾处理。要考虑清楚如何处理因餐食产生的垃圾，事先准备垃圾袋，把所有垃圾带下山丢弃在正规的垃圾投放点；尽量减少残食，确有剩余需要带走或做掩埋处理；使用便于清洗的餐具与烹调方式，在溪流中清洗餐具时务必考虑环境承载力，选用对环境无害的洗涤剂。

思考题：

1. 三种能量营养素及其生理意义是什么？
2. 在户外运动中水的作用、补给原则与获取方法是什么？
3. 制订户外饮食计划有哪些原则？
4. 哪些因素会影响一次户外运动中所需的食物总量？
5. 行动粮、后备粮、应急粮分别是什么？
6. 什么是"4-3-3"原则？
7. 如何打包户外运动所需的食品食材？

第8章
上识天文，下知地理——户外运动地理勘察基础技能

户外运动在野外环境中进行，需要参与者掌握一定的地理勘察知识，对身处的环境有所了解，以支持决策，预防风险，享受自然。

户外运动地理勘察是指运用地形图、卫星地图、指南针、GPS等工具勘察地形、地势、地貌、方位、海拔、距离、气候、水文等一切与户外运动密切相关的地理特征，以此为据，制订户外运动计划与户外运动策略。

要在野外环境中进行户外运动，需要在出发之前确定路线，并对路线的地理特征、危险性、强度、周边情况有尽可能细致的了解。有备而行才能最大限度地保障自身安全，体会户外运动的乐趣。而有些细节信息可能是在出发前通过地图与其他可查询到的资料难以了解的，这又要求我们具备在实际环境中考察野外环境、识别风险的能力。在地图上规划好路线之后，在实际行走过程中，我们可能还会遇到需要确定自己所处位置、辨别方位、估计距离的情形。如果并非沿已经确定的徒步路线行进，或是有多条路线通往同一目标，就需要我们自行对路线做出判断和选择。气候与天气也是影响一条线路的重要因素，在不同天气条件下，同一条道路的难度可能存在巨大差别。因此，在户外运动出发前与途中，对天气情况进行了解与预判也是必要的。

本章介绍地图的一般知识以及基本地理勘察技能在户外运动中的应用，并略谈估计一条路线的难度与合理性，规划一次户外运动路线的常规方法。

一、地图与地貌识别

1. 地图常识

地图是"根据一定的数学法则,将地球(或其他星体)上各种自然现象和社会现象,使用地图语言,通过制图综合,缩小表示在平面上,反映各种空间分布、组合、联系、数量和质量特征及其在时间中的变化和发展"。一幅规范的地图具有可量测性、直观性与一览性,以表示地面自然形态和人类活动的各种结果为目标,方便使用者的观察和应用。

户外运动中应用地图主要是为了规划线路,了解地形地貌与周边各种相关人造设施,确定所在地理位置。

(1)坐标系与地图投影

地球表面形状是复杂的,要将地球表面的景观在一个平面中展现出来,就需要使用特殊数学法则定义一个数学表面。坐标系与地图投影是将地球上的某一点确定下来,并对应到地图上的重要数学基础。

A.坐标系

人们用纬度与经度两个角度表达地球表面任意一点相对于原点的空间方位,即地理坐标,记为 $M(\lambda, \varphi)$。测定坐标的方法有天文测量与大地测量,一般地图采用精度更高的大地测量所得大地坐标。

在具体操作中,测绘地图需要进行地球椭圆定位,首先选定适用于本国的大地测量原点P,用天文测量的方法测得P点坐标;然后假定地球椭球在P点与大地水平相切,确定参考椭球。以参考椭球与大地原点为基础构建大地坐标系统,测量其他点的大地坐标。为了保证测量精度,需要在绘图范围内选择若干控制点构建平面控制网,以此来完善大地坐标体系。同一点在不同坐标系下测定的经纬度坐标可能不同。

随着测绘资料的丰富与测绘技术的发展，我国的大地坐标系统也经历了几次变革。1954起，我国使用1954北京坐标系统，存在较大误差；1980年，在新的测绘资料基础上选定陕西省西安市泾阳县永乐镇某点为大地原点，建立全国统一的大地坐标系；2008年7月1日起，全面启用CSCS2000（China Geodetic Coordinate System 2000）国家大地坐标系统，这是以地球质量中心为原点建立的坐标系。此后，我国生产的各类测绘成果均采用此系统。

B.地图投影

将地球椭球面上的点投影到平面上的方法，称为地图投影。地图投影具有不同种类。通用横轴墨卡托投影（Universal Transverse Mercator，UTM）是一种国际标准化地图投影法；我国分省（区）地图往往采用正轴等角割圆锥投影或高斯-克吕格投影。

一般而言，对于面积很大的地区，选择不同投影种类导致的变形与误差有较大差别；对于较小的制图区域，不同投影种类导致的变形不大。用于量测的地图对于精度要求更高，不做量测用途的地图只需保持视觉上的相对正确即可。

（2）常用地图的基本要素

A.比例尺

比例尺是地图上线段长度与实地长度之比。如1∶50000表示图上1厘米相当于实际中的500米。在大区域地图中，由于地图投影带来的变形，可能需要考虑不同点的比例尺之间的差异。而当制图区域较小时，这种差异可以忽略不计。

地图比例尺通常有数字式、文字式、图解式三种表达形式。

数字式：1∶50000。

文字式：五万分之一，图上1厘米相当于实地500米。

图解式：直线比例尺或复式比例尺。

B.方向标

我国地形图一般以北方定向，地图上的正上方表示北方。在实际使用地图配合指北针确定方向时，需要考虑磁偏角。这是地极与磁极不一致，磁极的位置会发生变动所致。磁子午线方向一般是在测绘地图时实地测定的。

过某点的磁子午线与真子午线之间的夹角称为磁偏角,磁子午线在真子午线以东称东偏,角值记为正;反之为西偏,记为负。我国规定比例尺大于1∶100000的地形图都要绘出磁子午线。

C.地图语言

地图语言包括地图符号、地图色彩与地图注记。

地图符号:使用专门的图形符号表达地理事物。包括点状符号、线状符号、面状符号。

地图色彩:使用特定色彩表达一定范围内的某种地理要素。除地貌晕染与符号颜色外,多采用平色,指定内部具有一致性的区域。

地图注记:使用文字标识对象名称,指示属性,表明对象之间关系等。分为名称注记与说明注记两大类。

地图语言的含义一般用图例标注说明。

2.户外运动中获取地图的一般途径

户外运动中应用的地图一般制图区域不大,需要传达的关键信息有地形、河流、山径、道路、居民点、植被分布等。

在我国,地图测绘事关国家地理信息安全,受国务院测绘地理信息主管部门与各县级以上地方人民政府测绘地理信息主管部门统一监督管理。国家鼓励非涉密测绘地理信息的社会化应用。

官方的地理信息平台有"天地图"、全国地理信息资源目录服务系统,中国科学院资源环境科学数据中心网站等。此外,还可以购买使用各种已出版的地图,一些网站也会提供部分出版地图的电子资源。

出版地图往往难以满足户外运动对特定地域详细地理信息的需要,在今天,卫星地图、网络地图与GPS(Global Positioning System)导航系统已经成为户外运动者获取目标地区地理信息的重要方式。

国内常用的户外地图导航软件有奥维互动地图、两步路户外助手、六只脚等。这些软件大多具有查看和下载卫星地图、等高线地图，航迹记录、上传和查询、下载、导入，卫星定位，兴趣点标注、路线规划、测距等功能。

此外，一些户外网站上也会有户外运动参与者或公司发布的地图，这些地图上可能有一些普通地图上没有的特殊信息。各种平台上用户上传游记、线路上的实地照片能够更直观地为用户提供线路信息，亦可作为参考。

3.等高线与地貌识别

等高线地形图是户外运动所用地图的核心。通过等高线地形图了解地形特征，进而规划线路，或是了解一条线路在何处上升、何处下降、强度如何。

以下是几种常见地形在等高线地形图上的反映。

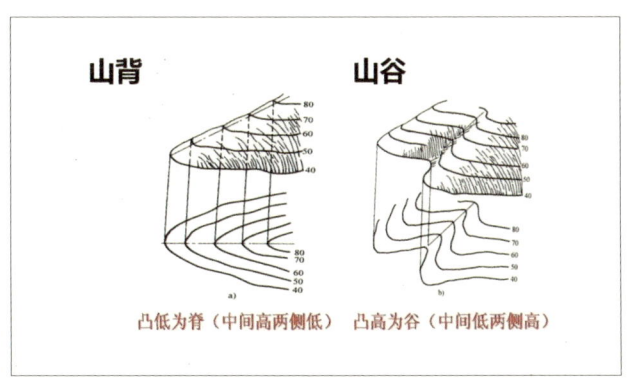

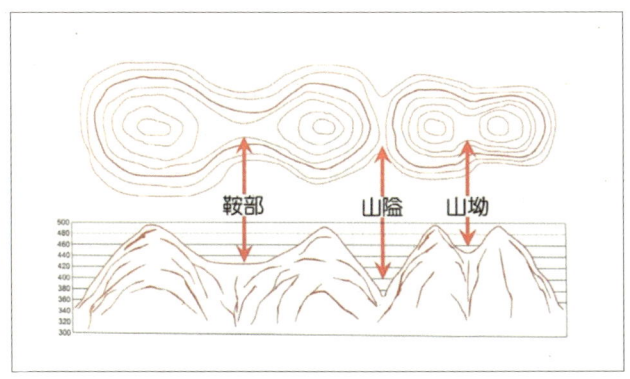

二、野外环境中的地图应用

1. 标定地图与确定站立点

标定地图是指让地图上的东西南北与实地的东西南北一致。常用的标定地图的方法有指北针标定与明显地貌、地物点标定。可以使用山头、鞍部、山谷等具有明显特征的地貌参照点，或塔、桥、烟囱等地物参照点，也可以利用山脊、长型陡崖、沟渠、道路、电力线等线状参照物，池塘一类面状参照物标定方向。

确定站立点就是在地图上找到自己现在所在的位置。常用方法有根据明显地貌地物点定位、后方交会法与截线法等。

根据明显地貌或地物点定位：在明显地貌、地物点处时可以采用这种方法。要仔细核对所在地与地图上的地貌、地物是否相同。

后方交会法：标定地图后，找到两个实地与地图上都有的明显地貌或地物点，绘出方向线，方向线交会，得到站立点。

截线法：位于一条线状参照物上时，找到另一地貌地物参照点，绘出方向线，与线状参照物交会，得到站立点。

2. 方位辨别

在野外环境中，辨别方位非常重要，以下介绍几种常用方法。

指北针测量方位：在附近没有干扰时，这是最便捷准确的方法。

利用参照点和地图确定方位。

利用地物特征辨别方位：如庙宇的朝向（在我国一般坐北朝南），民居太阳能板的朝向（一般朝南，山区不适用），树木、石块周边苔藓的位置（一般阴面有苔藓）。

利用太阳和手表（地方时）判定方位：在6~18时内，可以根据太阳方向辨别方位。口诀是"时数折半对太阳"。例如：现在是地方时14：00，用表盘上的数字7正对太阳方向，则表盘上数字12所指的方向为北方。

在夜晚，还可以利用北极星判定方位。将北斗七星的勺头延长两倍距离，看到的星星就是北极星。也可以利用仙后座"W"缺口所对位置寻找北极星。

3. 距离估算

距离目标还有多远是户外运动行进中我们经常会问的问题。除了通过地图轨迹确定到目标的距离，我们还可以运用一些目测距离的技巧估计远处物体的距离。

最简单的目测距离方法是根据正常视力下人眼能看清的物体特点大致估计距离。具体物体特征如下。

20米：人的眼球。

100米：人的面部表情、衣服纽扣、手关节。

200米：人的五官、树叶、瓦片。

300米：人的头和脸（但是看不清五官）、高的草的摆动。

500米：能分辨门的开关、人的性别。

700米：人迈腿的动作。

1000米：分辨人是否在行走、避雷针、汽车车轮轮廓、粗大的树枝。

1500米：看不清人的动作、无法分辨瓦片（瓦面看起来平整）。

2000米：人成小黑点、能看到门的位置（一个洞）。

3000米：房屋模糊、难以分辨门的位置。

拇指测距法是利用相似三角形估测距离。具体步骤：伸直右手手臂，竖起拇指放在右眼正前方位置。分别记录左眼与右眼通过大拇指看到的远方地物，利用远处可利用地物估计两点实际距离。

两点间距：目标到站立点距离＝人的瞳孔间距：臂长≈6厘米：60厘米＝1：10

则有：目标到站立点距离≈两点间距×10

除此之外，还可以利用带有距离固定器的指北针、臂长尺、望远镜等测算距离。具体使用方法请参见具体产品说明书。

4.坡地重力地貌的野外判断

坡地重力地貌是指坡面上的风化碎屑、不稳定的土体、岩体等在重力作用与水分参与下向下移动的地貌类型。在野外，突发的坡地重力地貌灾害可能威胁户外运动参与者的生命安全。这就需要做到识别坡地重力地貌，快速通过可能存在危险的地方，避免在有风险的地方扎营。

坡地重力地貌灾害的主要类型有崩塌、滑坡、泥石流及塌陷等。这类现象往往发生在坡度较大的斜坡，在暴雨时或暴雨之后发生灾害的可能性大，地震、人工爆破等造成的结构松散也是诱发因素。

据《工程地质野外实习教程》，崩塌（不稳定斜坡）稳定性野外判别方法如下表。

崩塌（不稳定斜坡）稳定性野外判别

环境条件	稳定性差	稳定性较差	稳定性好
地形地貌	前缘临空甚至三面临空，坡度>55°，出现"鹰嘴"崖，顶底高差>30m，坡面起伏不平，上陡下缓	前缘临空，坡度>45°，坡面不平	前缘临空，坡度<45°，坡面较平，岸坡植被发育
地质结构	岩性软硬相间，岩土体结构松散破碎，裂缝裂隙发育切割深，形成了不稳定的结构体，不连续结构面	岩体结构较破碎，不连续结构面少，节理裂隙较少。岩土体无明显变形迹象，有不规则小裂缝	岩体结构完整，不连续结构面少，无节理、裂隙发育。岸坡土堆较密实，无裂缝变形

续上表

环境条件	稳定性差	稳定性较差	稳定性好
水文气象	雨水充沛，气温变化大，昼夜温差明显。或有地表径流、河流流经坡脚，水流急，水位变幅大，属侵蚀岸	存在暴雨引发因素	无地表径流或河流水量小，属堆积岸，水位变幅小
人类活动	人为破坏严重，岸坡无护坡。人工边坡坡度>60°，岩体结构破碎	修路等工程开挖形成软弱基座陡崖，或下部存在凹腔，边坡角40°~60°	人类活动很少，岸坡有砌石护坡。人工边坡角<40°

可以根据以下外表特征粗略判断滑坡体的稳定性。

（1）不稳定的滑坡体常具有下列迹象

① 滑坡体表面总体坡度较陡，而且延伸很长，坡面高低不平。

② 有滑坡平台、面积不大，且有向下缓倾和未夷平现象。

③ 滑坡表面有泉水、湿地，且有新生冲沟。

④ 滑坡表面有不均匀沉陷的局部平台，参差不齐。

⑤ 滑坡前缘土石松散，小型坍塌时有发生，并面临河水冲刷的危险。

⑥ 滑坡体上无巨大直立树木。

（2）已稳定的老滑坡体有以下特征

① 滑坡后壁较高，长满了树木，找不到擦痕，且十分稳定。

② 滑坡平台宽大且已夷平，土体密实，有沉陷现象。

③ 滑坡前缘的斜坡较陡，土体密实，长满树木，无松散崩塌现象。前缘迎河部分有被河水冲刷过的现象。

④ 目前的河水远离滑坡的舌部，甚至在舌部外已有漫滩、阶地分布。

⑤ 滑坡体两侧的自然冲刷沟切割很深，甚至已达基岩。

⑥ 滑坡体舌部的坡脚有清晰的泉水流出等。

泥石流的发生区域分为形成区、流通区与堆积区，形成区多为三面环山、一面出口的地段，周围山坡陡峻，坡体缺少植被，岩体破碎，崩塌滑坡堆积物发育；流通区多为狭窄深切的峡谷或冲沟，谷壁陡峻，纵坡降大；堆积区则是出山口或山间盆地边缘的平缓地带。在暴雨时或存在冰雪融化造成强烈地表径流的地区，选择路线和扎营地区时要避开这些危险地带。

在不同环境中开展户外运动时，可能遭遇的地质灾害类型不同，需要根据具体情况了解相关信息，减小风险。

三、气候与天气

1. 基本气象要素

气候是指某个地区较长一段时期内气象状况的综合。从事户外运动者需要对所在地区的基本气象要素有基本的了解，包括气温、湿度、降水、风、云量、能见度等。这可以为评估户外运动过程中可能遇到的风险进行计划和决策提供依据。

山地地形会对局部气候产生影响，需要了解的山区气候特点有以下几方面：

（1）气温

山地中小地形对气温的影响相当显著。首先，气温随着海拔的升高而下降，下降幅度为海拔每上升100米，气温下降0.4℃~0.6℃。其次，南坡与北坡存在土温与气温的明显差异，南坡（向阳）温度一般高于北坡。最后，地形凹凸会影响气温与气温日较差、年较差。

凸起地形陆地面积小，气流交换强，气温日较差、年较差较小；凹陷地形则相反，白天在强烈日照下升温明显，夜间散热快，受冷气流影响更寒冷，气温日较差大。

相比于城市，山区气温（尤其是夜间）往往偏低，在出行时需要做好保暖准备。

（2）风

山区地形引起的土温、气温差异影响到空气环流。由于山顶与谷底热力变化引起的风，叫作山谷风，循环周期为一昼夜，白天，风从谷底吹向山坡，夜间，风从山坡吹向谷底。而在冰川地区，因为冰川表面温度总是低于空气温度，风总是沿着下坡刮起，往往是下沉风（冰川风）。

干热的焚风与干冷的布拉风都是气流过山时沿坡下降产生的下滑风。焚风多出现在海拔较高的陡峻山地，气流在迎风坡爬升冷凝成雨，在背风坡成为干空气，在下沉过程中迅速升温。典型的焚风出现区有阿尔泰山、阿尔卑斯山、落基山脉等。布拉风出现在较低的山脉的背风坡，下沉增温不明显，气流下滑的动能形成冷冽的大风。典型的布拉风区域有黑海的诺城。

峡谷风是因气流从开阔地区进入狭窄山区形成狭管效应出现的强风，有时其与山谷风叠加出现。多发于在两侧开阔的狭窄谷地或两峰之间的垭口，常表现为极强阵风。

（3）降水

受地形影响，山区上升气流更为旺盛，降水一般较平原地区更多。突发的大量降水容易引发山洪与其他灾害，是对山区旅行者最大的威胁。当遇到大雨天气时，应该避开易于积聚水流的沟谷地区与河床以下的平坦地带，或是向较高地带转移。不要轻易涉水，不要试图徒步涉过浸过膝盖的溪流。

（4）雾

雾是空气中存在大量凝结的水滴，使得水平能见度小于1000米的现象，是许多山区常见的自然现象。浓雾会严重干扰人的视线，影响其对方向、地形和潜在危险的判断。在浓雾天气下，要小心行走，收紧队伍，必要时取消行程，返回最近营地。

（5）雷暴

山地上升气流更加频繁、猛烈，更容易形成强积雨云，引发雷暴天气。在野外遭受雷电袭击重伤致死的案例不在少数。

遇到雷暴最好的躲避策略是躲入汽车中或有避雷针的建筑内。如果在野外遇到雷暴天气，避免伤害的注意事项如下：

可以在成片的高大树丛间、沟渠、峡谷中躲避，注意避开可能因暴雨引发山洪的区域。

如果进洞躲避，应远离直立的岩壁3米以上。

不要站在孤立的大树下，不要让自己成为周边最高的物体；如果附近只有孤立的树，应下蹲降低自身高度，确保离开树的距离是树高的2倍以上。

避开地裂缝、成片地衣与悬空岩石。

取下身上的金属物件，远离金属器具，不要使用电器。

不要进入水域。

可以通过看到闪电与听到雷声的时间间隔大致判断闪电发生的距离，用秒表计算时间间隔，所得秒数除以3，即可大致估计闪电距离站立处有几千米。一般而言，闪电距离近，听到的是尖锐的爆炸声；闪电距离远，听到的是沉闷的隆隆声。

2. 户外体育运动气象指数与天气预报

对于户外运动者来说，会严重影响户外运动的极端天气包括大风、雨雪、浓雾、极端高温、冰雹等。天气突变是导致重大户外安全事故的重要原因之一。应当密切关注天气预报，尽量避免在不利气象条件下进山。

根据国家标准《户外体育运动气象指数OSMI》，可以采用因子相乘法计算当前气象适合户外运动的程度。计算公式为：

$$OSMI = F \times T \times H \times W$$

其中，各个因子意义及取值方法如下表：

	2	1	0
F值：天气现象	晴、少云、多云	阴天	雨雪、霜、冰雹、冻雨等天气
T值：气温	5℃ < 日最低气温 ≤ 24℃	-4℃ < 日最低气温 ≤ 5℃或24℃ < 日最低气温 ≤ 27℃	日最低气温 ≤ -4℃或日最低气温 > 27℃
H值：相对湿度	50% ≤ 相对湿度 < 65%	10% ≤ 相对湿度 < 50%或65% ≤ 相对湿度 ≤ 85%	相对湿度 < 10%或相对湿度 ≥ 85%
W值：风力	风力在3级或以下	风力4～6级	风力7级以上

户外运动气象指数的级别划分的意义描述如下表：

级别	OSMI指数	意义与描述
1级	0	表示气象条件很差，不适宜户外体育运动
2级	1	表示气象条件较差，不太适宜户外体育运动
3级	2～5	表示气象条件一般，比较适宜户外体育运动
4级	6～12	表示气象条件好，适宜户外体育运动
5级	≥13	表示气象条件很好，是最佳户外体育运动时间

较低的气象指数下并不是绝对不能进行户外运动,但需要对于可能面对的风险进行充分评估,做好预防措施。

户外活动往往在山区进行,可以在当地气象局官网上查询最近居民点的天气预报和预警信息,国家气象科学数据中心也提供全国实时预警、预报、天气、气压、各站观测数据等。除此以外,一些手机气象软件也很实用,高山探险活动也有一些常用的气象讯息网站。

3. 野外环境中的天气预测

山区天气瞬息万变,在野外环境中及时发现天气变化的征兆,调整行进方案,能帮助我们规避天气突变带来的风险。

一些有关天气现象的谚语是人民群众长期以来生产生活实践经验的总结,可以指导我们预测天气。云的形态在一定程度上也可以反映未来一段时间的降水情况。例如,卷积云、卷云、高积云一般预示着好天气,而卷层云、高层云、积雨云、雨层云则往往预示着降水。

需要强调的是,在户外通过实地观察判断天气具有一定风险性,需要丰富的实践经验与对当地天气特征的充分了解,也需要参照卫星云图一类的实时气象数据与气象站的实时天气预报,谨慎做出判断。

如果确实在野外遇到不利天气,一定要保持冷静,积极应对。寻找相对安全的地形暂时躲避;如确有需求,要及时向外寻求援助。

四、户外路线评估标准

一些户外运动专门领域有专用的难度分级标准,如竞技登山、攀岩、抱石、攀冰等。对于一般的户外线路,国内暂时没有通行的强度、难度评定标准。在通常情况下，评估一条户外线路需要考虑活动环境、危险性、强度、技术要求四方面。

1. 活动环境

户外运动的活动环境因海拔、气候特点、开发程度、危险性等呈现出不同的特征。按照海拔分类，可划分为海拔低于3000米的常规山地、海拔3500米以上的高山高原与海拔5000米以上的高海拔雪山。在高纬度地区，有的海拔较低的雪山也有较高的危险性。按降水量、植被类型与地表状况分类，有中低纬度地区的丛林雨林，气候干燥、地形开阔的沙漠戈壁，以及常规山地冬季的冰雪环境等。一些具有高度危险性的活动环境称为极限环境，如高海拔雪山、无人区穿越、洞穴探险等。

2. 危险性

危险性是指发生意外，危及参与者生命健康的可能性。它与活动环境、强度、技术难度密切相关。

无危险：开发充分的一般旅游景区，路线明确、环境温和的休闲远足。行程短，强度低，适合亲子游。

低度危险：强度、难度不高的常规野外徒步、攀岩、滑雪等活动。有一定的发生意外情况的可能性，没有特殊技术要求，需要具备一般的生活常识与较好的心理素质。

中度危险：难度较大的山地、攀岩活动，未知领域的穿越探索活动，行程较长，强度较大，需要一定户外经验和技能，以及良好的心理素质与团队协作能力。

高度危险：极限环境下的活动或需要特殊技能的大强度活动，环境艰苦，不确定因素多，持续时间长，强度大，需要丰富的经验和技能。

3. 强度

强度指消耗体力的程度，一般与高负重、长距离、大爬升有关。

低强度（休闲运动）：一般休闲旅游，郊游聚餐，无特殊服装、体能要求。

中等强度：2日以上常规山地活动，每日行程少于20千米山路，轻装或15千克（男性）以下负重，单日爬升高度700米以下，1~2次宿营。无技能要求或技能要求低，一般身体健康者即可参与。

高强度：多日常规山地活动，每日行程20千米以上，单日爬升高度700米以上，重装（15千克以上），3次以上宿营。有一定体能与装备要求。

极高强度：极高强度常规山地活动，极限环境下的连续活动，非常规山地活动。条件恶劣，疲劳程度高。行程长，负重大。对体能、装备、意志力要求高。

4. 技术要求

常规登山活动主要要求参与者掌握基本的山地行走技巧、各种常规装备的应用、简单的露营技能。对于团队组织者有更多计划、应变、决策的要求。

特殊环境下的户外活动还要求具备应对特殊环境的能力，如溯溪、冰雪地面行走、简单的攀岩等。

一些专项户外活动有其专门的技术要求。如攀岩、绳降、滑雪、滑翔、雪山攀登等。

5. 两种常用的户外运动分级

国内尚无官方的户外运动分级标准，但民间户外运动组织多有制定内部的评定标准。以下列举两种常用的户外运动分级标准。

（1）强度+危险性

用A、B、C、D分别代表极高强度级、高强度级、中等强度级、休闲级。用3、2、1、0分别表示高度危险、中度危险、低度危险、无危险。引入"＋""－"符号标注同一级别下的高低差别。如A3表示极高强度高危险活动，如高海拔高难度雪山攀登；C＋1表示中等偏高强度低危险活动，如强度较大的常规山地徒步。

（2）5级难度等级标定

0～2级难度：有明显道路和山路，户外行走攀登路线较缓，坡度低于45°，一般人都可以胜任。

2.5～3级难度：有较难辨别的山路或无路，坡度介于50°～70°，部分地方有难越沟坎、雪坡或碎石坡，较复杂的原始森林穿越，部分地段需借助绳索。

3.5～4级难度：有陡峭岩壁上下、环境复杂、容易迷失的原始森林；70°～80°山壁徒手攀登，多处需借助绳索，穿越路线长，攀登困难，部分地段可能无法通过而迂回前进。

4.5～5级难度：行走攀登路线很长，有永久冰壁和混合攀登，特别困难。喜马拉雅等高海拔山区及无人涉足的偏远地区，攀登难度和危险性非常大。

五、制订行程计划的一般步骤

制订一份行程计划可以按以下几个步骤进行：

① 确定大致线路；

② 标出关键点，设计应急方案；

③ 估算行进时间；

④ 划分每日行程并填写行程表；

⑤ 标注其他注意事项：估定行程强度、难度、危险性与技术要求，必要时标注对参与人员的基本要求。

1. 确定大致线路的一般方法

要确定一次户外运动的大致路线，最常用的方法是查看各种户外平台上户外爱好者们分享的游记、航迹等资料。大多数成熟路线的资料都很容易找到。这些游记基于亲身经历，会对沿途情况做比较细致的描述，参考价值高。联系有经验、熟悉当地路线的向导也可以进一步了解路线情况。

2010年，中国登山协会制订《国家登山健身步道标准实施细则》；2018年，各部委联合研究制订《百万公里健身步道工程实施方案》。国家登山健身步道以保持原始现状为主，就地取材进行建设，有明确建设标准与完善的安全保障体系，尽量做到科学健身与减小环境冲击的统一。在选择户外运动线路时，可以优先利用已建成的国家登山健身步道。

一些经验丰富的户外运动参与者还会借助地形图、植被分布等自行拟定线路。由于缺乏实地资料，现实情况可能与事先预计存在出入，这就要求参与者具备丰富的实践经验与应变能力，不建议初学者尝试。

2. 关键点标注

在确定了大致路线之后，还需要对路线上的一些关键点有所了解，以便行进途中辨别方向，调整行程，处理突发情况。根据关键点信息，对路线做进一步调整。

（1）行进途中的路标点

在行进前清楚了解何处有标志物，何处有岔路口，有利于行进途中更方便地判断自己所处的位置。选定路标点后,可以按顺序标号,并尽量熟记这些路标点,以便行进途中进行对照。

如果途中有通行难度较大的路段,也需要进行标注。

(2)扎营点与备用扎营点

标注出途中适合扎营的地点,并留出未按计划到达时或因其他原因不能使用原定扎营点时的备用扎营地点。扎营点的选择原则参见《户外运动野外宿营基础技能》一章。

(3)附近的就医点

在行进前查询附近的卫生院、医院地址及交通方式。一旦遇到需要就医的突发情况,确保能用尽可能短的时间到达医院。

(4)紧急下撤点与紧急下撤方案

在路线上标注一旦发生意外可用的下撤点与下撤路线,了解下撤路线的路况。紧急下撤方案的制订原则一般是:选择能够最快到达可供车辆行驶的公路的路线,方便转乘其他交通工具。

(5)信号点与求援方案

山地中一些地方可能没有信号,当被困山上或发生意外情况时,有时需要向外界寻求援助,这时就要寻找信号点,拨出求救电话。在一般情况下,可以寻找附近有村庄或基站的地方,高地信号往往也比较好。可以通过查阅游记或询问走过路线的人获知信号点。此外,还应事先查明附近救援组织的求援电话,明确不同情况下的求援方案。

3. 估算行进时间的一般方法

制订行程计划还需要估算路线强度与行进时间，制订大致时间表，安排休息时间与休息点。

估算行进时间的常用方法是奈史密斯定律（Nasmith's Rule）：

徒步时间＝（徒步距离÷徒步速度）＋（上升高度÷上升速度）＋（以上求得的小时数×5分钟）

对于体力优秀的徒步者来说，以上几个数据的估值是：

徒步速度＝3200m/h

上升速度＝305m/h

最后加上的时间是按每小时休息5分钟设定的休息时间。

例如，从A地到B地图上距离23km，上升800m，则有：

徒步时间＝（23km÷3.2km/h）＋（800m÷305m/h）＋（以上求得的小时数×5分钟）≈10h50min

普通户外爱好者应用这一公式，需要加上15%～30%的时间。

对于刚开始接触户外运动的一般队伍，也可以大致按照以下数值计算：

易于行走的常规路面：3～4km/h。

一般下坡和平路：2～3km/h。

常规上坡：1～2km/h。

陡坡、灌木密集等行走难度较大的路面：＜1km/h。

另一种计算方法：

行进时间＝（图上距离÷平地行进速度）＋（上升高度÷上升速度）＋（下降距离÷下降速度）＋休息时间

平地行进速度＝4km/h

每上升0.4km，增加1h。

每下降0.8km，增加1h。

例如，从A到B图上距离10km，其中上升400m，下降400m。则有：

行进时间＝（10km÷4km/h）＋（0.4km÷0.4km/h）＋（0.4km÷0.8km/h）＝4h

队员体力、负重情况、天气情况均会对行进时间产生影响，在实际估算时间时，最好能以本队伍历次训练情况为参照。对于经验不足者，应当预留更多时间，以便应对意外情况。一个队伍的行进时间估算应该以速度最慢者为准。

行进间休息的安排一般是：出发20～30分钟之后第一次休息，提醒队员及时调整衣物。之后每隔50～60分钟休息5～15分钟，充分放松，增减衣物，饮水和适当食用行动粮，补充能量。如果从上坡转向下坡，中间往往需要安排休息时间，调整衣物和装备（护膝、登山杖等）。休息点要远离可能有落石的地点，尽量选在相对开阔平坦的安全地带，避免挡住行进路线。

4. 行程设计与行程表

在充分了解路线情况之后，要综合考虑队伍实际情况，基于本次户外运动希望达到的目的，进行每天的路程划分，设置休息点与午餐点，选择营地，设计应急方案。在地图上标注最终路线与路标点，并填写行程表。

行程表应与地图配合使用，通知到每个队员。与地图一起打印并随身携带，做好防水措施，以便随时核对队伍行进情况。

行程表示例

日期: 2021.2.4 第1天				起点: 道路交点		终点: 林间营地		出发时间: 9:00			到达时间: 15:36		
路标点序号	位置描述	方位角	距离/km	高度/m		预计时间			实际用时			路线描述	备注
				爬升	下降	到达时间	离开时间	用时	到达时间	离开时间	用时		
0 起点	道路交点	8°					9:00						
1	入山口	40°	1.5	0	0	9:20	9:30	20	9:16	9:30	16	穿过村庄，按路标找到上山点，向东北方向进山	调整衣物，去卫生间
2	小径交会	100°	3	200	0	10:30	10:40	60	10:35	10:45	65	沿山坡上行，灌木丛	小心植物的刺
3	山顶亭子	90°	2	250	30	11:30	12:20	50	11:45	12:20	50	陡坡爬升	到达山顶后在亭子吃午饭；山顶有停车场，作为紧急下撤点1
4	山脊转下降	60°	2	50	30	13:00	13:00	40	13:05	13:05	45	平缓起伏，草甸间穿行	
5	林间营地	40°	8	0	300	15:20	/	140	15:36	/	151	沿台阶-土石路下降	中途休息，到达林间营地。营地临近村庄，作为紧急下撤点2
总计			16.5	500	360	6h20min			6h36min				地图编号: 2
队员名单: Alice, Bob, ……													
应急方案1: ……													
应急方案2: ……													

注:

方位角是指从某点的指北方向线起,依顺时针方向至目标方向线之间的水平夹角。

每个路标点之后的路线描述是前一个路标点到此路标点的路况描述。

思考题:

1. 地图的基本要素有哪些?
2. 什么是标定地图,标定地图有哪些常用方法?
3. 如何在野外辨别方向?
4. 什么是坡地重力地貌?
5. 山区气候有哪些一般特点?
6. 在评估一条户外路线时,应当考虑哪些因素?
7. 请运用课文中提到的方法,举例说明如何估算队伍的行进时间?
8. 如何制订一份行程计划?

第9章
以天为盖地为庐——户外运动野外宿营基础技能

幕天席地，宿于荒野是令人期待的户外体验。然而，人在多变的自然之中极其渺小，要想安全舒适地野外宿营，离不开合适的户外装备与对宿营基础技能的掌握。

超过一天的户外运动往往需要在野外宿营。我们需要了解有关野外宿营的基本知识和技能，选择合适的宿营地，更好地实现宿营的目标，在保证安全、减少环境冲击的前提下，尽量使营地生活便利、舒适。

建一个野外宿营营地时，首先，找到适合扎营的地点并进行必要的区域划分；其次，需要掌握营地装备的选择与使用方法；最后，要避免在营地出现意外，维持井然有序的营地生活，还需要对各种营地活动制订规范，统筹管理。

一、野外营地选址与规划

1. 选址的一般原则

宿营选址考虑的侧重点可能因出行性质的不同而有所不同。如果是温和的休闲游，注重体验，那么开发充分、服务周全的营地能最好地满足需求；如果希望训练队员在各种环境下建立营地的能力，则需要将营地选在人工设施相对较少的天然营地。

无论是从事哪种户外活动，选择野外营地都需要考虑安全、环保、舒适性三方面。具体原则：近水、背风、背阴（向阳）、远崖、防雷、近村、低冲击性等。

（1）近水

如果需要在营地补充水源，那么在选择营地时应当选择靠近溪流、湖泊等水源地的地方，便于取水。在选择近水营地时，要谨慎考虑涨水或突发洪水的风险。关注当地相关预警，不要在上游有水电站的河边扎营，不要将营地建在河滩之上，不要在遇到暴雨涨水剧烈的河流近处扎营。

靠近水源的地区也可能有来饮水的动物出没，如果是在有大型野生动物活动的地区扎营，要注意防备。近水营地在选择便溺处及处理污水时要注意远离水源，减小对环境的影响。

（2）背风

在露营时遇到大风，不仅不便在帐篷外活动，还会降低营地附近的体感温度，影响用火安全，增大发生装备遗失等意外事件的概率。在多风地带扎营时，可以选择有树木、岩石等遮蔽物，相对背风的位置。帐篷门不要面向迎风的方向，以免大风灌入帐篷发出过多噪声，或是风将雨雪刮入帐篷内。

一般而言，垭口、暴露的山脊风势最大。有的地方盛行风向相对固定，在宿营之前应当有所了解。扎营时也要考虑昼夜风向的变化。

（3）背阴（向阳）

选择背阴处还是向阳处扎营，与露营时的天气、温度有关。由于帐篷的材质和结构，大部分帐篷容易接受日照，帐内温度升高，不容易散热。接受日照之后，较高的帐内温度会维持一段时间。如果露营时天气晴好，日照强烈，应当尽量在背阴处扎营，避免帐篷内温度过高。而如果天气寒冷，多阴雨，有取暖与晾晒装备的需求，则可以选择向阳的营地。在大树下或山的北坡扎营时，朝照太阳相对于夕照太阳，帐内温度更低。

（4）远崖

要远离悬崖以及其他存在落石风险的区域。

（5）防雷

在多雷电的季节出行，营地一定不能选择在山脊、空旷的平地、孤立的大树下等容易受到雷击的区域。

（6）近村

选择接近村庄的营地更方便寻求援助与获得补给。需要注意避免与当地人产生冲突，未经允许，不要在农田内或其他私人区域扎营。

（7）低冲击性

露营应当尽可能减少对环境的冲击，选择可耐受的地面扎营。例如：开发成熟的宿营地、雪地、岩屑地、沙地、林下腐殖质层等（详见第3章）。在营地活动期间也要注意环境保护。

《登山圣经》[①]给出7条低冲击性露营的准则：

① 尽可能在现成的露营地点扎营；

② 便溺时远离水源、山径和营地；

③ 利用炉具，不生营火；

④ 洗涤时远离营地和水源；

⑤ 保持花朵、山岩和其他自然景物的原貌；

⑥ 维护野生动物的健康与自立性，切勿随意喂食；

⑦ 把垃圾全部带走，连他人留下的垃圾一并清理干净。

2. 特殊环境下的营地选址

（1）大型动物出没区域的露营

在大多数人类活动较多的地方，一般不存在被野生动物攻击的危险。如果

---

① 美国登山协会编：《登山圣经》，重庆：重庆出版社，第34页，2012年9月。

目的地有过此类报道，那么有必要在露营前事先了解当地野生动物出没情况，做好遭遇野生动物的风险预案，如果真的遭遇了大型动物，务必保持冷静。

大型动物一般不会主动攻击人类。在选择营地时，应当有意识地避开有野兽痕迹的地方，不要在林地和草间的不明显小径上扎营。不要露宿，封好帐篷。切忌落单，至少四个人一同行动。

可以按照三角配置原则搭建营地：每两个区域相距至少90米，煮食和用餐区域设置在视野最好的地方，另设一点存放食物、厨具和其他有气味的物品，帐篷区域设置在其他两点的上风处。妥善处理有气味的物品，尽量减少气味外泄。

（2）冰雪地和冬季露营

在寒冷的冬季或冰雪环境中露营，需要格外重视营地的保温性，也要考虑雪地融化和积雪对营地的影响。帐篷是最常用的雪地宿营用具，而当遭遇暴风雪、严寒或是要长期在冰雪环境驻留时，用雪建造雪沟、雪洞、雪屋等庇护所更稳固安全，也有更好的保暖效果。

在冰雪地上建设营地，搭建帐篷，首先要避开有潜在风险的区域，如冰裂缝、雪崩路径、雪檐等。其次，要注意平整营地，把雪压实。如果帐篷带有雪裙，可以用雪压住雪裙，从而更好地防风保暖。还需要格外注意内外帐的连接与防风绳的设置，防备大风吹走帐篷。此外，要注意清理帐篷上的积雪，防止帐篷被压塌。

3. 营地分区规划

在选好营地之后，要对营地进行区域划分。在短期露营中，最重要的区域是帐篷露营区与卫生区（便溺区）；如果露营时间较长，有用水需求，则需要设置取水区、用水区、用火区、就餐区。

宿营区一般选在相对平坦（坡度小于10°）的开阔地，在扎营之前需要平整场地，清除石块、矮灌木、带刺植物和其他杂物，填平不平整的地方。可以铺设防雨布，保护帐篷和保持营地干燥。帐篷之间应当有不少于1米的间距，门朝向同一侧（背风侧）。

卫生区供队员便溺使用。一般建在宿营区下风向有一定遮蔽性的地方。远离水源地和山径60～70米，挖坑建立临时厕所，离开时掩埋排泄物，打包带走卫生纸、卫生巾等物品。有条件的情况下或是在生态脆弱的高海拔地区，还应铺设塑料布或卫生袋，带走排泄物。在野外一般不要单独行动，最好结伴前往卫生区。

若要在一个营地停留较长时间，就需要有独立的用火区和就餐区。用火区应在宿营区的下风向，与宿营区保持20米以上间距，以防火星点燃帐篷。就餐区一般在用火区附近。

如果在附近的河湖取水用水，应当分开盥洗用水与食用水区域。若在湖中取水，两点间隔至少10米；若在流水中取水，则在上游选择饮水区，下游选择生活用水区。通向取水点的道路上如有障碍物，要在白天适当清理，防止夜间绊倒。

有时营地还会单独设立娱乐区，清理出较大空地，供队伍游戏所用。娱乐区一般选择在宿营区、就餐区的下风向，以防灰尘造成污染。

二、野外宿营装备

1. 扎营装备

帐篷是使用最普遍、能适应多种环境的扎营用具。它在野外环境中为我们提供庇护所，需要具备防水、防风、保暖、防虫的基本功能。

一顶实用的帐篷既需要阻挡外面的水汽，又需要尽可能地将帐内因呼吸、用餐等产生的水汽排出。根据应对水汽的策略不同，有双层帐与单层帐之分。一般户外运动选用防水透气性能更好的双层帐。

单层帐一般由三层布料合成：外层强度较大的尼龙布、中层防水透气的薄膜面料、内层具有一定吸水性的绒毛饰面。它的优点在于重量轻，强风下不会产生外帐拍打内帐的声音。缺点在于一般价格较贵，防水透气性能有限，不能应对温暖潮湿的环境下的需求。

双层帐则分为外帐和内帐两部分，外帐防水不透气，内帐透气不防水。帐内的水汽透过内帐，在外帐凝结滑落。在使用双层帐时，必须拉紧防风绳，保持内外帐分离，否则凝结的水滴会打湿内帐，失去防水效果。

按使用季节划分，帐篷有三季帐与四季帐两种。二者的区别主要有：四季帐一般采用强度更大的布料与帐杆，更为坚韧，能经受冬季恶劣环境下风雪的冲击；外帐一般带有雪裙，更重视防风设计。三季帐往往带有通风防虫的纱网，重量更轻，透气效果更好。如果不存在遇到风雪天气的可能，轻便透气的三季帐能带来更好的户外体验。

帐篷的形状有圆顶帐、拱门帐、楔形帐等类型。因帐杆结构的不同而展现出不同的抗风抗压性能。一般而言，具有多个帐杆交叉点的楔形帐比圆顶帐更能适应大风雪压的恶劣环境，隧道式设计的拱门帐能提供更大的帐内空间，在迎风状态下非常稳固，当遇侧风时则容易出现晃动。

帐篷类型（1）

帐篷类型（2）

帐篷类型（3）

帐篷类型（4）

帐篷类型（5）

帐篷类型（6）

帐篷类型（7）

注意：

　　大多帐篷都配有防风绳与地钉。它们的作用是更好地连接帐篷与地面，防止帐篷被风吹走。撑起外帐，保持内外帐分离。风绳拉开时，一般要保持受力方向正确，可以固定在地钉上或者其他重物、固定物体上。在营地架设风绳，要提醒队员小心被风绳绊倒。风绳上的反光设计能减少这一隐患。

　　要特别注意地钉的正确使用和收纳，防止损坏和丢失。

内帐底部一般为防水材料,向四周延伸出一定高度。这是为了防止地面积水渗入内帐。

多数三季帐和四季帐设有门廊,即外帐延伸出去的保护空间。这个区域可以用于放置装备、在恶劣天气下烹煮食物等。

帐篷顶部的通风口设计用于排出帐内潮湿的水汽。一般会有一层纱网设计,在天气不是很冷的时候,可以打开通风口,保持帐内空气流通。

2. 餐事装备

在户外就餐,需要用到的装备有个人用来进食的餐具,以及集体用于烹饪食物的燃料、炉具、锅具等。

在短途户外旅行中,可以选择无须烹饪和特殊餐具的饮食方案,拆开包装即可进食,同时要注意收拾好垃圾并带走。如果需要个人携带餐具,一般选用轻巧便携、易于清洁的餐具。可以携带餐具清洁消毒湿巾,免去在户外洗涤餐具的麻烦和污染。

如果需要在户外用火烹饪,首先要高度重视用火安全。户外的篝火燃烧范围大,控制火势蔓延难度大。如果遇到大风,出现危险的概率会很大。在允许用火的区域,小巧精密的现代炉具是更安全的选择。在选择炉具时,需要考虑炉具的稳定性、防风性、易操作程度、火力大小和燃料经济型、锅具适配性等。

按照使用燃料的不同,户外常用的炉具有柴炉、油炉、酒精炉、气炉等。在选择炉具燃料类型时,需要考虑火力强弱与燃料的经济性。

柴炉为燃烧木柴而设计,燃料获得简便,在季节、气候适宜的情况下,可以就地取材,火力大而持久。但存在受环境影响找不到干柴、难以在帐内使用、容易产生浓烟等问题。

油炉使用汽油、煤油等燃料,火力大,效能高,能满足多种烹饪需求,易于沿途补充燃料,燃料罐可以反复利用,适合低温使用。但容易产生积炭,需要及时清理保持畅通。油炉需要先预热，再使用，预热过程中可能产生较高的火焰，需要特别注意用火安全。

酒精炉以酒精为燃料，火力较汽油小，用于烧水较适宜。

气炉具有重量轻、燃烧持久的优点。一般火力比不上油炉，在低温下存在燃烧困难的问题，燃料价格一般高于油炉，在7天以上的行程中难以中途补给。

根据炉头与燃料罐连接方式的不同，有直连式与分体式之别。

直连式炉头可以直接连接于燃料罐上方，一般轻巧便携。但是炉头和锅以燃料罐为支撑，火焰位置高，稳定性较差，能架设的锅具大小受限，需要保证罐体周围空气流通散热。在使用挡风板时，如果连燃料罐一起挡在挡风板内，则有罐体周围温度过高，从而发生爆炸的危险。

直连式炉头（1）

直连式炉头（2）

分体式炉头（1）

分体式炉头（2）

分体式炉头通过导管连接炉头与燃料罐，可以架设在距燃料罐一定间隔的地面上。这种炉具一般更为稳定，能撑起更多种型号的锅具，便于使用挡风板。但相较直连式炉头，体积较大，重量更重。

户外用锅具一般要便于携带和清洗，结构简单坚固，不易损坏。好的锅具锅底会有高效集热结构。在选用锅具时，要注意与炉头大小适配。严格遵照不同锅具的说明使用锅具（不能用只用于烧水的锅具进行其他烹饪）。准备合适的锅盖可以减缓热量流失，大大提高烹饪效率。但要注意随时观察，防止液体溢出。

一些成套的锅具炉具会设计成炉具可以放入锅具收纳的样式，这样可以节省空间。

注意：

（1）在使用炉具锅具时，需要全程佩戴手套，防止烫伤，或是被烫到后的应激动作打翻炉具锅具。

（2）任何时候，至少保证有一个人密切关注炉具锅具的情况，不能出现无人看管的情况。

（3）在点火之前，确保手边有合适的灭火工具（湿毛巾、湿沙土等），一旦失火，可以迅速扑灭。

（4）在非极端天气下，尽量不要在帐内烹饪。最好在帐外寻找周边没有可燃物的开阔地带作为用火区。在特殊情况下，帐内用火要特别小心。

（5）在使用除柴炉以外的炉具时，一般先点燃打火机或火柴，再打开燃料罐阀门，防止气体泄露，遇火爆燃。

（6）在使用炉具时，切勿将打火机置于炉具周围，应该用完及时收好，以防过热引起爆炸。

（7）使用锅具切忌干烧，干烧过热极易引发失火。应该先加入水或其他食材，再把锅具放在火上加热。一些炉具带有干烧保护设置。

（8）如果炉具稳定性欠佳，要随时有专人看护锅具，防止倾倒。

（9）可以使用反射垫集中热量，隔绝炉具与地面，防止失火。

（10）务必保证燃料罐正确放置。倒置的气罐可能导致打开阀门时液柱喷射，引发大火。

（11）燃料罐不能放置在阳光暴晒处，要防止磕碰。

（12）如果同时使用多个炉头，要防止局部热量聚集点燃燃料罐。各个炉具之间至少保持1~2米的间距。

（13）要防止燃料（尤其是气体燃料）泄露，熟悉阀门的开合状态，在灭火后确保阀门关闭；在炉具使用完毕之后，及时拆卸；废旧气罐放置在帐外阴凉通风处。一旦在帐内发生气体泄露，马上把燃料罐拿出帐篷，关紧阀门，充分通风后，再行点火。

（14）谨防燃烧不充分导致的一氧化碳中毒。如果在帐内用火，一定要打开帐篷通风孔和帐门拉链，关注火焰燃烧情况。当气罐充分燃烧时，火焰应呈现蓝色。如果火焰发黄，证明燃烧不充分，要及时熄灭火焰，充分通风。睡前一定要熄火并拆卸炉具。

3. 睡眠装备

虽然帐篷能提供庇护功能，通过防风减少对流散热，但主要功能并非保暖。在野外宿营中，睡眠装备是夜间保暖的主要用具。热量散失的主要途径是辐射、传导、对流、蒸发，要保暖，就要从各个角度阻断热量散失。

用睡袋包裹身体，可以防止热量散失，提供身体与地面的缓冲，减少热传导。增加轻便的睡袋内胆可以进一步阻断热量散失。而选用合适的帐内用地垫则可以进一步隔开身体与地面。选择背风营地与具有良好防风性能的帐篷，减少进入帐内的冷空气和空气流速，在睡前封好帐篷，仅留下必要的通风口。

睡袋样式分为木乃伊式与信封式两种。木乃伊式睡袋结构紧凑，可以更贴合地包裹身体，相同克数下，其保暖性能更佳。信封式适合在温暖的条件中使用，身体活动空间更大。睡袋材质有羽绒睡袋、棉睡袋、抓绒睡袋等，近年来，陆续有各种人工合成材料出现。相较而言，羽绒睡袋更保暖，重量更轻。棉睡袋相对厚重，保暖性能不如羽绒睡袋。如果所在地气候潮湿，容易受潮的羽绒睡袋可能不适用，可以考虑其他人工合成材料。正规户外品牌的睡袋都会标注温标。睡袋过薄、保暖性不足在野外可能是致命的，但睡袋过厚可能会出汗弄湿衣物，或因睡梦中离开睡袋而着凉。应根据目的地的历史最低气温选择合适的睡袋。

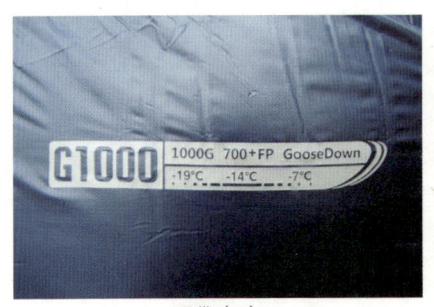
睡袋（1）

睡袋（2）

此外，一定要尽量避免身体和贴身衣物潮湿，切忌穿着潮湿衣物入睡，这样会带走身体热量，可能在不知不觉中发生失温。在睡眠时，要格外重视头部保暖，一顶薄绒帽是很好的保暖装备。在睡前食用少量高热量零食，喝点热饮，做简单的身体活动，也能让你更舒适地入睡。

注意：

（1）最好脱掉外套入睡，在早晨出睡袋时及时添衣，防止因温度变化而着凉。

（2）可以在睡前用密封性良好的水瓶装入热水放进睡袋。

（3）可以使用睡袋内胆，既能增强睡袋的保暖性能，也能防止皮屑、汗水弄脏睡袋，延长睡袋的使用寿命。

(4) 可以利用体温在睡袋内烘干一些小物品，如手套、袜子等。

(5) 在寒冷天气中，将气罐、饮用水放入睡袋，也可以起到保温作用，避免液体冻结而带来麻烦。

(6) 羽绒睡袋可以在浴缸中用温水和专用清洗剂清洗，并摊平晾干，清洗频率不宜过高，防止纤维受损导致保暖性下降。睡袋内胆（衬袋）可以防止身体分泌的油脂、汗水污染睡袋，延长其使用寿命。

(7) 宿营结束后需要晾晒装备，尽快打开睡袋挂在通风处，铺开地垫晾干；撑开帐篷，拉开各处拉链，可以反搭外帐，使它完全干燥。

4. 其他个人装备

一些好用的个人装备可以让你的野外宿营更舒适。小巧便携的头灯可供帐内照明和夜间帐外活动使用；用防水袋装好个人物品可以防止在帐内弄混或找不到个人物品；前面提及的抓绒帽或头巾可以在睡眠中为头部保暖；如果条件允许，还可以携带充气枕，也可以将衣物卷起来用作枕头。

注意：

行进前检查装备

(1) 将所有帐篷撑开，检查帐篷有无破损，拉链是否完好，帐杆有无破裂、丢失，防风绳是否完好，地钉有无遗失。

(2) 检查炉具是否能正常使用，阀门、管道是否完好，燃料罐是否完整，剩余燃料量是否充足，打火机是否能点燃火。

(3) 检查睡袋的拉链是否完好，表面有无破损。

(4) 检查头灯是否能正常使用，是否携带了充足的电池。背包是否完好（重点检查腰带和背带）。

三、野外营地管理

1. 扎营管理

在选好营地,确定分区,布置好各个帐篷位置、朝向之后开始扎营。扎营步骤及注意事项如下:

首先平整营地,如果有防雨布,应先铺设好防雨布,用重物压好。然后架设内帐、外帐。帐杆应该推进帐篷,拉动帐杆可能导致帐杆的小节在帐篷里断开,损坏帐篷布料,降低效率。在多人同时架设多个帐篷时,要注意保持间距,防止帐杆打到周围的人。帐篷位置确定后,架设防风绳,或采用其他措施固定帐篷。

在内帐搭好,位置基本确定之后,可以安排一位队员进帐铺设地垫。不要穿着登山靴进入帐篷,防止带入水和尘土、石子等,减少帐篷的磨损。登山包、睡袋等个人物品也可陆续放入门廊或帐篷内。

搭设帐篷的过程中要注意妥善保管帐篷套、帐杆套等小零件。及时用重物压好或收入帐篷内,防止丢失。一切装备都应放置在视野范围内,以免不慎绊倒或踩踏造成装备损坏。

在全部扎营完毕后,应有专门负责人检查扎营状况,确保没有疏漏细节,帐篷位置合适,内外帐分离,通风口打开,没有杂物遗漏在外。

2. 营地用火管理

野外用火的首要问题是保证安全,需要遵循以下基本原则:

不在防火区动火。遵守各级政府的防火规定和防火限制,不在防火区内使用火源。

没有动火环境条件不动火。在政策允许用火的区域,不具备安全用火的环境不能用火。

没有防火措施不动火。用火前做极限考量,如果没有充足的防火措施保障最严重的意外失火情况下的用火安全,那么不能用火。

野外用火与露营用火一般的用途是炊事、取暖、照明三方面。在准备充分的情况下,户外运动中一般不需要为照明用火。除非发生队员失温等紧急情况,为取暖用火也较少见。炊事用火是为了烹饪和加热食物和饮水,在低气温、长时间的户外运动中尤其需要。在大型动物出没区域,营地用火也能起到驱逐动物的作用。

在刮风、高温、干旱天气,出现失火的可能性更高。大风天气切忌户外用火。在户外使用炉头、炊具时,需要保证周边20平方米的开阔区域没有可燃物。点火前务必反复确认周围没有酒精、汽油等易燃物。用火时要准备好湿毛巾、潮湿的沙土等扑火工具,一旦失火,在火势尚小之时及时扑灭。此外,用火时还需要防止烧伤烫伤。

3. 营地餐事管理

宿营中的餐事应该严格按照事先制订的饮食计划进行。提醒队员摄入足够多的食物和饮水,妥善处理垃圾(打包带走或猫坑掩埋可降解垃圾,详见第3章),封好带气味的食物。其他事项详见《户外运动身体补给基础技能》一章。

4. 撤营管理

在宿营结束后,需要将所有用具收拾停当,尽量将营地恢复原貌。高效率的撤营需要整个队伍的默契配合。

撤营时要整理帐内个人物品,合理装填背包(详见《户外运动技术装备基础技能》)。在收帐篷之前,要先解开防风绳,避免过度拉扯损伤帐篷。与扎营过程相似,也要妥善保管各个装备,较轻的物品用重物压好,防止被大风吹走或不慎丢失。在恶劣环境下,这种失误非常常见,而且可能是致命的。

在所有装备收拾停当之后,要检查营地有无垃圾残余,带走所有垃圾。

5. 营地管理中的其他问题

野外宿营可能面临严酷的自然环境,错误的、低效的操作都可能引发意外,危及生命安全。这就要求有秩序的、高效的团队协作。在出发前熟悉各种装备的操作与安全注意事项,养成良好的装备使用和放置习惯。在宿营时注意职责明确,检查有无疏漏,妥善放置所有物品,保持冷静、清醒和严谨。规范使用所有宿营装备,才能确保自身安全,发挥装备的功能,延长装备使用寿命,获得最好的宿营体验。

思考题:

1.野外营地选址的一般原则是什么?

2.宿营的低冲击性原则有哪些?

3.一个完整的长期宿营营地需要具有哪些区域?各个区域位置关系如何?

4.概述帐篷的不同类型与选择方法。

5.常用的户外炉具根据使用燃料的不同,有哪些类型?

6.直连式炉头与分体式炉头的区别。

7.如何在宿营入睡时保暖?

8.营地用火的注意事项。

第10章
善为医者，行欲方而智欲圆——户外运动伤病防治基础技能

我们在进行户外运动时，随时会因骤变的天气、野生毒虫猛兽、险峻的地形、设备故障而遭遇各种危险，造成人身伤害，必须快速诊断并立即救治，这就要求我们必须掌握一定的伤病防治基础技能。

户外运动中可能会遇到各种各样的风险，这些风险有可能会演变为事故，造成人身伤害。避免伤害的最好方法就是不要发生事故，但很多时候，事情不会如你所愿。

一旦发生了人身伤害，应当第一时间采取专业的方法进行救治。但是，户外运动通常在远离医院的野外环境进行，如果等送到医院才开始进行救治，很多时候已经错过了最佳救治时间。由此可见，掌握一定的伤病防治技能十分有必要，在关键的时候甚至可以起到救命的作用。

本章将从户外急救基本原则、伤病类型、户外急救基本流程、创伤急救四大技术、户外常见伤病处理五个方面进行介绍。

需要注意的是，本章的目的不是将外行人变成医生，而是为了告诉大家，在医生展开专业救治之前，我们能做什么来减少事故对人体造成的伤害。在户外出现无法处理或无法判断能否自行处理的伤病时，应在实施急救的同时立即寻求专业救援。

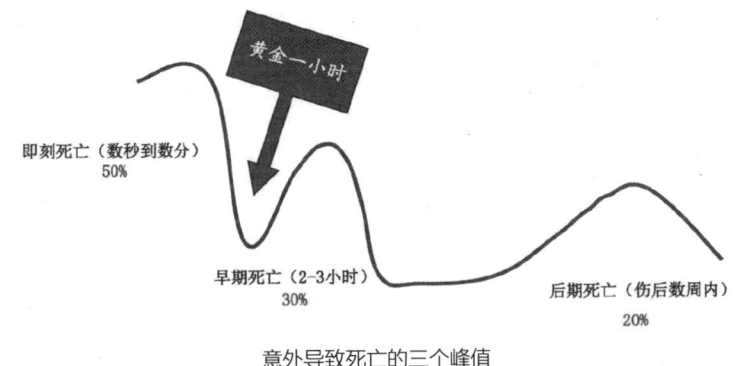

意外导致死亡的三个峰值

一、户外急救基本原则

现场急救有以下六大原则。

先复后固：先心肺复苏，再骨折固定；

先止后包：先止血，后包扎；

先重后轻：先危重，后轻伤；

先救后运：先救助，后运送；

急救与呼救并重：现场急救与呼叫救援并行；

搬运与急救一致：搬运时应继续急救。

这些原则在户外急救中同样适用，另外还需特别强调的有以下几点：

1. 保持冷静

如果救援者自己很恐慌，那么就很难把控局面。救援者要树立威信，冷静思考，言语坚定，行动果断。要耐心倾听伤者讲述事故发生情况，不要抱怨、批评、苛责，这样做有助于救援工作的进行。

2. 确保环境安全

要确保自己和其他人的安全，不要让没有经验的人参与救治。如果无法轻易接触到伤者的话，要请求帮助，不要把一次明智的救援变成一系列冒险，抑或是有勇无谋的蛮干。除了保护自己安全外，还需要尽可能保护伤者免于遭受二次伤害，有条件的话，应先排除周围的危险因素，当伤者无法移动时，应搭建遮蔽棚（帐篷）。

3. 先重后轻

当受伤者较多时，应先抢救重伤人员。当一名伤员身上多处受伤时，先处理要害部位。当同时出现心脏骤停、骨折时，应先心肺复苏以抢救生命。当出现大出血和创伤时，应先想办法止血。

4. 搬运要慎重

不要移动严重受伤的伤者，除非已经危及生命或者因医疗原因而需要移动。必须搬运时，应尽可能避免受伤部位遭受二次伤害，特别需要注意脊柱伤。在搬运过程中，仍然需要对伤者进行持续的救治。

二、伤病类型

按照伤病的来源，可以将伤病分为五种类型。

机械因素：包括塌方、刀扎、枪伤等；

物理因素：包括烧伤、失温、冻伤、中暑、电击、射线等；

化学因素：包括酸、碱、毒气等；

生物因素：包括动物、毒蛇、蚊虫叮咬等；

生理因素：包括腹泻、突发性心脏病、高海拔疾病等。

按照伤病的严重程度，也可以将伤病分成五种类型。

非重要疾病：包括小伤、无过敏反应的昆虫叮咬、单纯腹泻、晕车等；

次要疾病：包括踝关节扭伤、小型烧伤、咽喉痛等；

中等疾病：包括手腕骨折、肾结石、支气管炎等；

存在潜在危险的疾病：包括胸痛、严重的腹痛、高烧等；

危及生命和肢体的疾病：包括血流不止、大范围冻伤、失温、伴有症状的毒蛇咬伤等。

需要注意的是，上述分类只是一种粗略的划分，伤病的严重程度可能会随着时间和地点的变化而变化。如果一些小的疾病因为疏忽大意而不加控制，可能会发展成严重疾病，例如：伤口不及时处理可能会导致伤口感染，进而引发细菌性疾病。

此外，同样的伤病在不同环境下的严重程度也不相同。感冒在平原地区不是严重的疾病，一般过几天就能自愈，但在高原地区，由于氧气含量不足，如果不及时救治，可能会引发严重的并发症。因此，一旦出现伤病，我们都必须加以重视，及时开展救治。

三、户外急救基本流程

下面介绍户外急救的基本流程。

1. 环境评估和个人防护

需要再次强调的是，在开展急救之前，应当首先保护自己和伤者以外其他人员的安全，以免造成更多伤害，以致需要更多救援力量。同时尽可能排除周围的危险因素，以免发生二次伤害。

2.判断伤情

在开展急救前,需要先大致评估伤害情况,再做进一步打算。判断伤情包括以下内容:

(1)判断伤者是否有意识

可以通过拍肩、大声呼喊姓名等方式进行判断。如果伤者比较远,也可以通过其他方式进行判断,例如敲击金属、拉绳等。由伤者的回应也可以大致判断其伤情严重程度。

(2)检查呼吸和心跳

将耳朵贴近伤者的口和鼻听或者感受其气息,眼睛同时观察胸腔或腹部是否有起伏。将食指和中指贴在伤者颈动脉处判断心跳。其他可以判断脉搏的地方包括手腕处的桡动脉、腹股沟的股动脉、上臂内侧中央的肱动脉(检查婴儿动脉的地方)。如果难以判断脉搏,也可以跳过这一步,在确认没有呼吸等生命体征的情况下,直接进行心肺复苏术。

(3)活动性出血定位

尽快检查伤者以定位明显的活动性出血点,立即对这些部位进行有力的压迫止血。

(4)全身检查

如果损伤广泛,应进行全身检查,尤其是在诊断不明确或者特别危险的情况下。特别危险的情况包括:跌倒;头部、颈部、腹部或胸部受到打击;意识模糊不清;呼吸困难或短促;儿童受伤。如果条件允许时,应褪去伤者的衣物。

检查时按照头—颈—胸背—腹—腰—骨盆—四肢—末端的顺序逐一检查,尽量不要移动受伤部位,尤其是非专业人士,避免二次伤害。注意脊柱伤。在伤者清醒时，先通过询问确认受伤部位。

3. 及时呼救

当你判断伤者伤情严重时，应当立即呼救，包括呼救旁人协助以及对外求救，同时继续进行伤情检查，以节省时间。不要假设有人会呼救，必须安排专人完成这项任务。如果旁边只有陌生人，也应大胆地指定某一个人负责。

对外求救时，应提供以下信息：伤者的位置（Where），伤者人数、基本信息（Who），伤情情况（What），紧急情况的时间（When）、性质（Why），正在进行的处置、其他特定的环境情况或物理性障碍（How），你的联系方式。此外，如果是电话求援，应当等待调度员确认已掌握所有信息、认为可以挂断电话后，再挂断电话。

4. 必要施救

如果伤者失去意识，没有呼吸和心跳，应立即开始心肺复苏术（CPR）。按照最新的指南推荐，心肺复苏应先进行胸外按压（Compressions），30次胸外按压后，再清理气道（Airway）、进行两次人工呼吸（Breathing），即C-A-B。如果有AED，则先按照AED的指示进行除颤，没有效果的情况下，再开始胸外按压。受篇幅限制，心肺复苏术的具体方法可以参见任何一本急救教程，此处不进行详述。

有的时候，即使尽了最大的努力想使伤者苏醒，最后伤者可能依然没能得救。死亡的迹象包括：对疼痛没有反应，没有呼吸和心跳，瞳孔放大，皮肤、指甲、嘴唇苍白或发青，身体冰冷，等等。然而需要记住的是，失温可能出现假死的现象，需要将个体捂暖才可做出判断。当遇到失温昏迷时，需要一直进行抢救工作，直至伤者苏醒、救援者精疲力竭或者专业医疗人员宣布死亡才可停止。

如果伤者有意识，则需先征询伤者的同意，再开展施救。针对不同的伤情，采取的施救方法也各不相同，可以参见本章的第四、五部分。在伤情暂时稳定后，再考虑下一步的救治计划，或等待外界援助。

在救治过程中，应当注意聆听伤者的叙述，以掌握充分的信息，包括过敏史、既往手术史、既往病史、服药史等。注意让伤者安心，遵循"保持冷静"的基本原则，直接地解释你正在做的事情，强调积极方面以营造充满希望的氛围。尽可能使伤者保持舒适和温暖的状态，提供水、清汤、补液盐等必要的食物，但不要给无法自觉吞咽的伤者喂食。去除受伤区域的紧身衣物或首饰，防止血流不畅。对于使用的药品应当予以记录，有可能的话，也要记录症状的变化情况。

四、创伤急救四大技术

创伤急救四大技术包括止血、包扎、固定、搬运。户外运动中最常见的伤害就是各种损伤、骨折，掌握这四大技术能够应对大部分情况。

1. 止血

止血的目的是保证血容量、防止休克、挽救生命。在所有可见的危难中，应当最早对出血进行处理，因为其治疗方法简单、明确。

伤口的严重程度决定了失血的速率以及应当采取的措施，要注意是内出血还是外出血，是动脉血还是静脉血。内出血主要到医院救治，外出血是现场急救的重点。动脉出血呈喷射状并且流量很快，如果处置不及时，很可能导致短时间内大量出血，从而危及生命。

常见的止血方法有直接压迫止血法、加压包扎止血法、填塞止血法等。

（1）直接压迫止血法

适用于较小伤口的出血，用无菌纱布直接压迫伤口处，压迫数分钟。如果直接按压无法止血的话，应迅速检查是否准确按压在出血点上，改变位置后，再压迫数分钟观察是否止住。对于出血较多的情况，也可先采用此方法进行处理，待出血状况有所改善后，再转为加压包扎止血法。

（2）加压包扎止血法

适用于各种伤口，是一种比较可靠的非手术止血法。先用无菌纱布覆盖压迫伤口，再用三角巾或绷带用力包扎，包扎范围应该比伤口稍大。在没有无菌纱布时，可使用消毒卫生巾、餐巾等替代。具体的包扎方法可见下文的"包扎"部分。

（3）填塞止血法

适用于颈部和臀部较大而深的伤口，用镊子夹住无菌纱布塞入伤口内，如一块纱布止不住血，可再加纱布，然后用绷带或者三角巾绕至对侧臂根部包扎固定。在处理颈部时，要注意保证伤者呼吸通畅，并在之后随时观察其呼吸状况。

（4）止血带止血法

止血带止血法只适用于四肢大出血，且其他止血法不能止血的情况。橡皮止血带可以按照图示方法进行捆绑。如果没有携带橡皮止血带，可以采用三角巾折成带状或者其他布带代替，将其缠绕肢体几圈，然后打一个结，用一根小棍子（可用笔杆等代替）穿过绳结，拉紧绳结，扭转绑带直至无法扭转且止住血，然后将另一端用另一根绷带系在身体上。同其他方法一样，在采用止血带捆扎前也需要用无菌纱布等覆盖。

在一般情况下，不建议使用止血带止血。一旦使用，就要将其处于醒目之处；不要轻易将止血带放松，除非伤者即将到达医疗救治点，使用止血带不到2

小时，或者伤者使用止血带超过6小时，或者止血带下的肢体已被截掉。如果需要放松止血带，须一边观察出血状况，一边缓慢放松，最好再用止血纱布压迫包扎伤口。

关于其他资料中提到的指压止血法（通过手指按压特定动脉止血），这里并不推荐。虽然指压止血法可以作为突发意外时的初期急救措施，但由于只能短时间止血，且有的时候因为伤口复杂等原因导致效果不佳，因此建议还是采取其他止血方法。

止血操作需要注意以下几点：一是施救者不要未经防护直接接触伤者的血液；二是不应中途更换已经浸透的止血敷料；三是不应频繁掀开敷料观察止血情况。如果发现无法止住血，可施加更大压力，或增加更厚更大的敷料。

2. 包扎

包扎一般是使用无弹性纱布或有弹性绷带对受伤部位进行包扎、固定的技术方法。在没有卷带时也可采用三角巾折叠代替。包扎作为韧带、肌腱、肌肉的辅助和固定，能够有效地预防运动损伤再次发生，防止伤口恶化。包扎的方式多种多样，例如：环形包扎、螺旋形包扎、"8"字形包扎、头部三角巾包扎等。包扎时需要注意不要污染绷带与皮肤接触的一侧。

（1）环形包扎

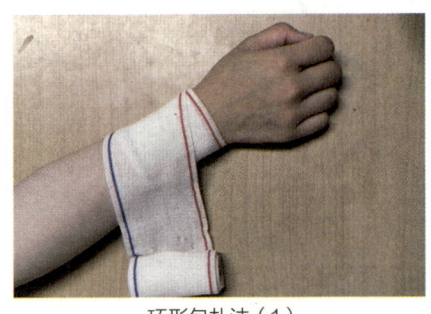

环形包扎法（1）

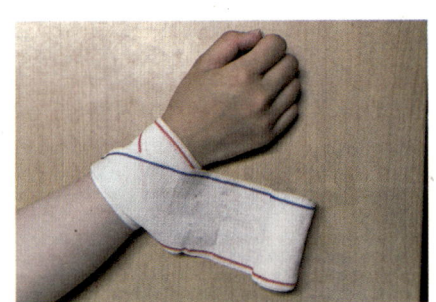

环形包扎法（2）

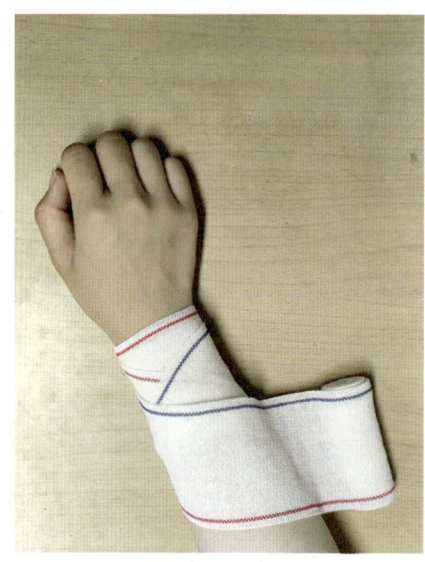
环形包扎法（3）

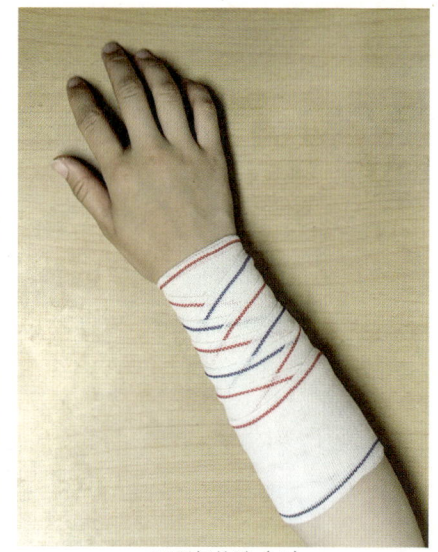
环形包扎法（4）

此法多用于包扎身体粗细均匀的部位，如手腕、额头、颈部等。包扎时，每圈盖住前一圈，最后将多余绷带塞入环形圈的内侧。开始时，可将带头斜放压住，将绷带绕受伤部位一圈后，把带头的小角反折，再用剩余绷带环形缠绕数圈压住。其他各种包扎法通常也使用环形包扎法固定始末端。

（2）螺旋形包扎

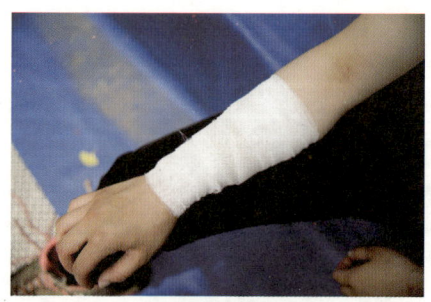
螺旋形包扎法

此法多用于包扎肢体上下周径不同的部位，如大腿、上肢、手指或躯干等。包扎时,以环形包扎法开始包扎两圈,然后将绷带向上斜形螺旋形缠绕,后一圈盖住前一圈的1/2～1/3,最后以环形包扎两三圈。

(3)"8"字形包扎

此法多用于固定关节,如肘关节、腕关节、膝关节、踝关节等部位。该方法有两种:一种是从关节部位开始环形包扎,再依次向关节上方绕一圈、下方绕一圈,交叉时,在关节凹面进行,每一圈压住前一圈1/2～1/3,最后在关节上端或下端环形包扎结束;另一种是从关节下方开始,先做环形包扎,然后由下而上、再由上而下依次"8"字形缠绕,逐渐靠拢关节,最后以环形包扎结束。

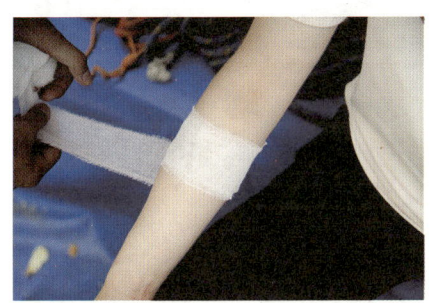

"8"字形包扎法(1)

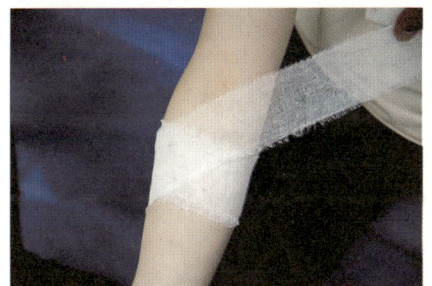

"8"字形包扎法(2)

"8"字形包扎法(3)

"8"字形包扎法(4)

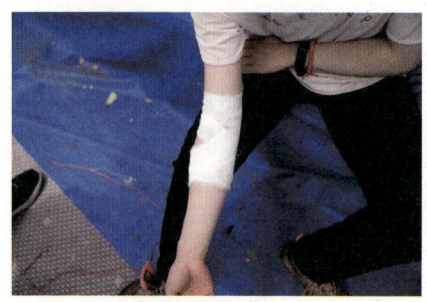
"8"字形包扎法（5）

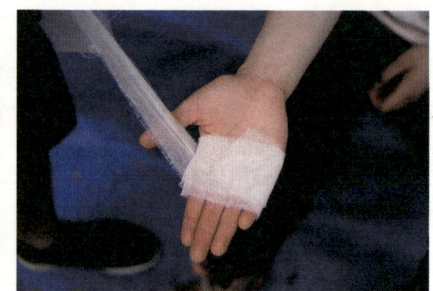
手部"8"字形包扎法（1）

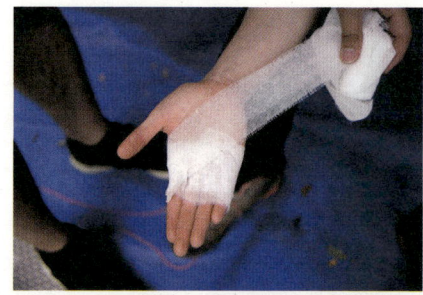
手部"8"字形包扎法（2）

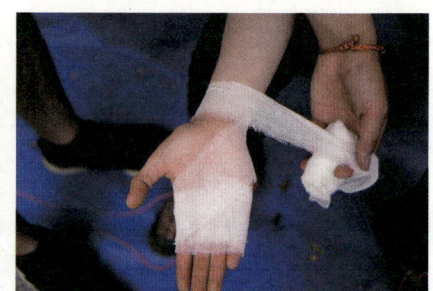
手部"8"字形包扎法（3）

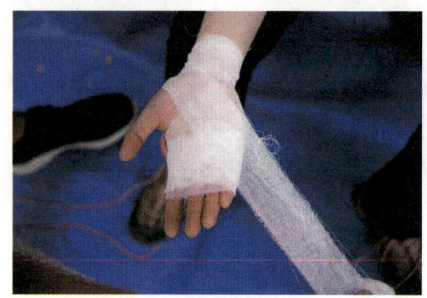
手部"8"字形包扎法（4）

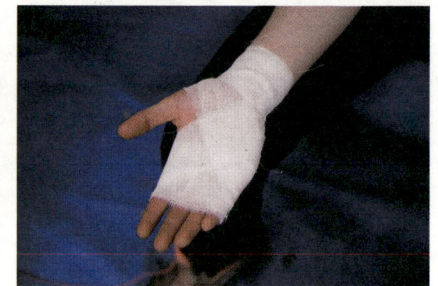
手部"8"字形包扎法（5）

（4）头部三角巾包扎

此法主要用于头部受伤，有止血、避免伤口感染的作用。将三角巾底边折叠至2~3厘米宽，置于前额眉上，顶角拉直后脑，左右两底角沿两耳上方往后，拉至后脑交叉，并压紧顶角，然后绕到前额打结。顶角拉紧，向上塞入底角交叉处。

3. 固定

当发生骨折或疑似骨折时，为了避免在搬运中因颠簸等使断骨刺伤血管、神经，加重病情，需要避免移动伤者或者伤肢，加以固定与承托，注意即使有刺出伤口的骨折端，也不应送回。在固定之前，要先注意伤者的全身状况，例如，心脏停搏的应先进行心肺复苏，大出血的要先止血、包扎。

固定时应用夹板固定伤处的上下关节。肢体的固定可选择树枝、木板、塑料板、厚纸板、登山包的脊柱板、登山杖、滑雪杆、滑雪板等作为夹板，也有专门的头部固定器、脊柱板、躯干夹板等。固定时，动作要轻巧，固定要牢靠，松紧要适度，皮肤与夹板之间要垫适量软物，防止局部受压而引起缺血坏死。固定之后需要定期检查肢体，确保血液循环通畅。

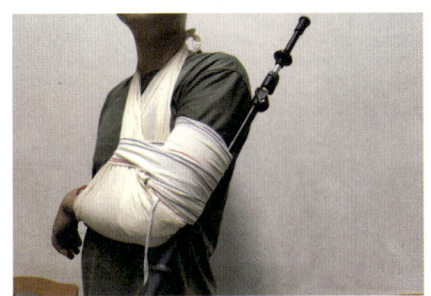

肱骨骨折固定法

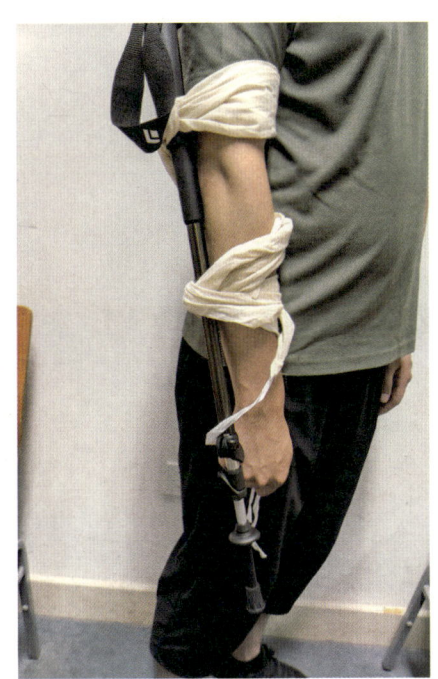

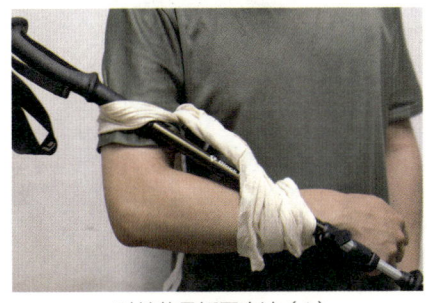

肘关节骨折固定法（1）

肘关节骨折固定法（2）

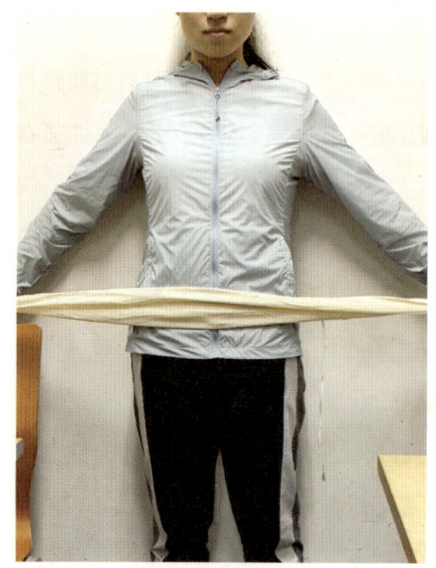

骨盆骨折固定法（1）

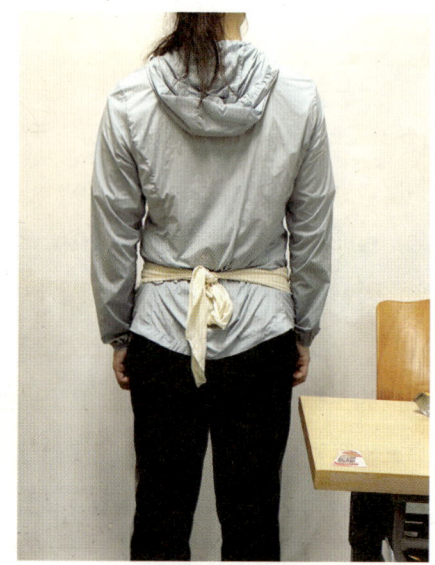

骨盆骨折固定法（2）

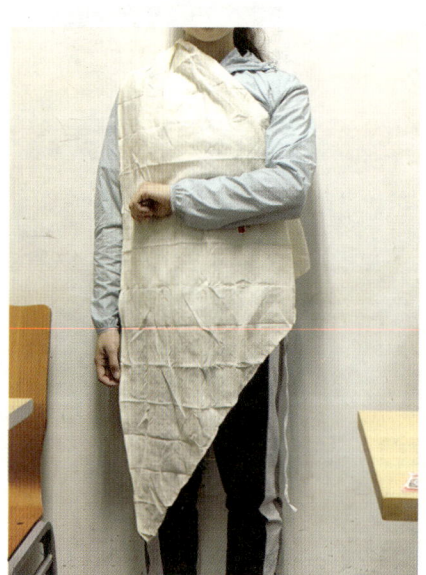

骨盆骨折固定法（3）

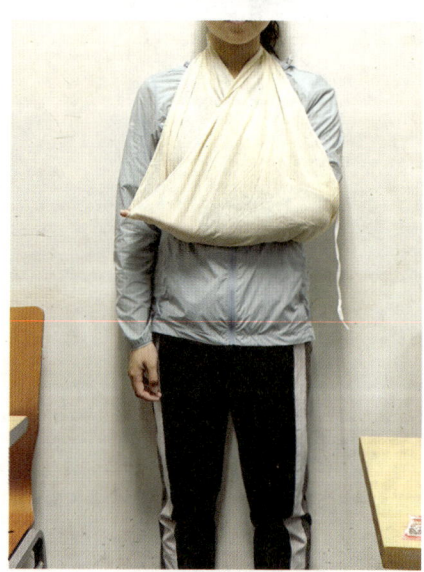

骨盆骨折固定法（4）

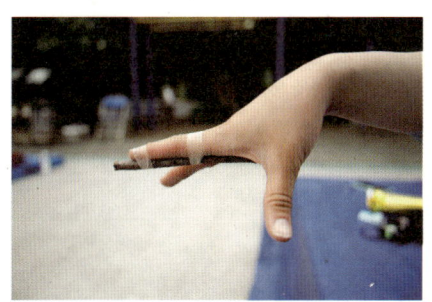
手指骨骨折固定法

常见的固定方法有：肱骨骨折固定法；肘关节骨折固定法；桡骨、尺骨骨折固定法；手指骨骨折固定法；股骨骨折固定法；胫骨、腓骨骨折固定法；颈椎骨折固定法；胸椎、腰椎骨折固定法；骨盆骨折固定法；锁骨骨折固定法；头部三角巾十字包扎；经典手臂三角绷带悬吊。

4. 搬运

现场初步急救处理后需尽快送往医院。为了保持救援团队的体力，伤势较轻者应该尽可能自己行动，但需要有其他人照顾。如果期间需要经过搬运这一环节，规范、科学的搬运术对伤病员的抢救、治疗和预后至关重要。

（1）徒手搬运

徒手搬运适用于狭窄的阁楼和通道等担架或其他器械无法通过的地方。单人徒手搬运包括搀扶、背驮、手托肩掮等方式。

单人搀扶：适用于病情较轻、能够站立行走的伤病员。救护人员拖住伤病员的腋下，也可由伤病员一手搭在救护人员肩上，救护人员的另一手扶伤病员的腰部，然后与伤病员一起缓慢移步。

单人搀扶

单人背驮：救护人员先蹲下，将伤病员前胸紧贴救护人员的后背，用双手反扣伤病员的大腿中部，使其向前弯曲，再站立并略向前倾斜前行。对于呼吸困难的伤病员以及胸部创伤者不宜使用此法。

单人背驮（1）

单人背驮（2）

手托肩捎：一种是将伤病员一上肢搭在救护人员肩上，救护人员一手抱住伤病员的腰，另一手托起大腿，手掌托其臀部。另一种是将伤病员捎上，躯干绕颈背部，上肢垂于救护人员胸前，救护人员一手压其上肢，另一手托其臀部。

虽然单人徒手搬运实用，但搬运者会比较劳累。为了节省体力，可以采用多人徒手搬运，如双人搭椅、拉车式。多人搬运时要注意步调协调一致。

手托肩掮（1）

手托肩掮（2）

手托肩掮（3）

　　双人搭椅：一种是由两个救护人员对立于伤病员两侧，然后两人弯腰，各以一手伸入伤病员大腿下面相互十字交叉紧握，另一手彼此交替支持伤员背部；另一种是救护人员各自右手紧握自己左手手腕，左手紧握另一救护人员的右手手腕，形成"口"字形，伤病员坐在搭好的"椅子"上，两手搭于救护人员肩上。

　　拉车式：由一个救护人员站在伤病员头部，将其头背抱在自己怀里，另一救护员蹲在伤病员两腿中间，同时夹住伤病员两腿向前。

　　单人背驮时也可辅以绳椅以节省体力。具体方法如下：准备一根一定宽度的长绳（长扁带、皮带等），绕过伤病员的背部和腋下，两边的余绳从胸口交叉。将伤者置于救护人员背上，余绳末端从救护者肩前搭下来，穿过救护者的腋下至后背，从伤病员的两腿间穿出，紧贴臀部下方绕过大腿外侧，最后向前系在救护人员的腰部。

（2）器械搬运

器械搬运在这里主要是指担架搬运。从转移的角度来看，伤者最安全的姿势就是仰卧。如果伤者呕吐或者意识不清晰，则适宜侧卧；如果胸部受伤，则应让伤者向受伤处躺，以使未受伤的肺完全扩张。垫好垫子避免过度移动，并保持呼吸通畅。

担架的姿态也非常重要。一般来说，保持受伤处向上，避免重量和推撞导致伤痛；有出血、休克或者失温的伤者要保持头部略微下沉而双脚抬高；胸部疼痛的伤者或有呼吸困难会导致心脏病发作或心脏衰竭的伤者应该将其上半身抬高。

所有伤者都应在身上和身下加上毯子、衣物、睡袋或者任何可以保暖的东西，防止失温。在担架上的伤者绝不能被独自一人留在任何地方，要一再确保伤者安全。担架运输相当耗费救援者的体力，当距离很长时，救援者要注意减少消耗。如果可能，至少有一个救援者在伤者头部，一边肩膀一个，臀部两侧各一个，腿部两侧也各一个。

如果没有携带担架，则可以用毯子或者结实的罩布和两根长杆（滑雪杆、登山杖、结实的树枝等）制作简易担架。将毯子绕过第一根杆子，然后绕过第二根，再绕回第一根。确保毯子外围用安全的大头针或者缝线固定好。此外还有大衣担架（两根长杆穿过两件底部对齐拉着拉链的夹克）、背包担架（两个背包框架用带子加固）。

也可以用绳子来制作担架的框架，然后在绳子上铺上垫料（如睡袋）。具体方法参见第6章。在使用临时担架抬伤者之前，最好先用未受伤者做实验，看看能否承担起伤者的重量，并且不会摔下。

五、户外常见伤病处理

以下介绍几种常见伤病的处理方法:

1. 瘀伤和创伤

(1) 瘀伤(扭伤)

瘀伤是指血液聚集于软组织(肌肉、皮肤或脂肪),病因为对身体直接打击、撕裂性运动(如扭伤)、自发性出血(血管破裂或渗漏)。对于扭伤,处理应遵循RICE原则,如下所示,R表示Rest(休息)。

瘀伤后48小时内应冷敷或冷水(如溪水)浸泡(I=Ice),每10分钟冷敷一次,至少冷敷1小时,这样可减少肿胀,有助于减轻疼痛。但是不要把冰块直接放在皮肤上,避免冻伤。

如果迅速肿胀,可加压(C=Compression)包扎,在包扎外冷敷。

将瘀伤和肿胀部位抬高(E=Elevation)超过心脏可进一步减轻肿胀。

48~72小时后可进行湿敷或干热敷,这样可以促进局部血液循环,消除肿胀和变色。另外,目前所有的外敷药物都没有明确的证据支持。

(2) 擦伤等小伤口

用肥皂水、碘伏等擦洗干净,除去所有污垢,避免感染。清洁干净后,使用抗菌药膏(如莫匹罗星软膏)和无菌敷料覆盖。创可贴属于应急处理,实际没有太多消毒的作用,且不透气。

(3) 撕裂伤等较大伤口

先止血包扎,待至少60分钟后再用有压力的清水或者生理盐水清理伤口。一定不能使用聚维酮碘液(碘伏)冲洗眼睛;双氧水和其他消毒防腐剂也对人体有害。若伤口有油脂，应使用肥皂和水清洗，再用水清洗。切勿冲洗较深的刺伤伤口，因为这样可能将液体和污染物冲入更深组织。处理完后，送至医院缝合伤口。

（4）刺伤

对于较小的异物，可直接将其取出，伤口不深的话，可以进行清创（方法同擦伤）。由于血流能清洗伤口的细菌，因此应挤压伤口促进少量流血。注意保持伤口开放，以促进愈合。

对于较大的异物导致的较深伤口，不要试图取出异物、清洗伤口，否则可能引发大出血，而是应用衬垫或者绑带包裹伤口，固定异物，有必要的话，将异物外部部分剪短，然后尽快送医。

2. 温度引起的伤害

（1）烧伤（烫伤、晒伤）

烧伤按照严重程度可分为三个级别：

I度烧伤：表皮烧伤，例如，轻度或中度晒伤，常伴有明显触痛，皮肤发红但没有水疱。大面积烧伤可能会出现发烧、虚弱、战栗、呕吐等症状。

II度烧伤：表皮和部分真皮烧伤，包括汗腺、毛囊及小血管。严重晒伤可能导致真皮损伤。大面积烧伤可能导致体液流失和失温。

III度烧伤：整个皮肤层烧伤，且可能伤及肌肉、骨骼等，可能会看到小血管。一般没有痛觉，这是因为神经已被破坏。III度烧伤需要皮肤移植才能得以康复。

对于I度烧伤，可用冰凉湿纱布在皮肤上敷10～20分钟。突然烧伤（如烫伤）可立即用非常冷的水帮助缓解。局部皮质类固醇药膏或油膏对治疗烧伤伤口无用。如果皮肤上没有水疱，可使用润肤霜（如凡士林），这样有助于舒缓皮肤。芦荟凝胶或芦荟液可能可以促进大面积I度烧伤愈合。

对于II度烧伤，需要用干净冷水轻柔地冲洗，去除松散灰尘和皮肤。如果有异物粘住衣服，不要强行撕开，剪掉创面周围衣物即可。冷敷10～20分钟（干净凉水浸泡也可）。干燥后，可用消毒药膏（如磺胺银软膏或莫匹罗星）涂抹，用无菌敷料覆盖，每天更换。不要使用任何类固醇制剂，这样会阻碍伤口愈合，导致伤口感染，加大疤痕。不要弄破水疱，除非有感染或者有脓。不要急着清除烧焦的皮肤，等待其自然脱落即可。

对于III度烧伤，用无菌敷料覆盖后尽快送医处理。

对于大面积烧伤，不要用湿敷料，以避免失温；由于会迅速失水，因此应让患者小口足量喝补液盐。

（2）中暑（热衰竭）

中暑和热衰竭是人在烈日或高温环境中，体内热量不能及时散发引起的体温调节障碍。热衰竭体温可达40.5℃，中暑的温度更高。一旦超过41℃，人的身体将失去体温调节能力，体温将迅速升高。因此，在发生中暑时，应尽快降温至38℃以下，并采取以下措施：

停止运动，让患者远离高热物体、避免太阳直射，移至阴凉、通风处，解开衣物。

用大量碎冰和水给患者按摩。如果碎冰有限，则包好放至腋下、颈部后面、腹股沟冷敷。如果没有冰，应使患者保持湿润并大力煽风。对于温度很高已经危及生命的情况，可能需要全身浸泡在冰冷的溪水中才有效。

由于散热需要蒸发大量水分，因此应当注意补水。

建议在三四小时内每30分钟检查一次体温。

（3）晕厥（热晕厥）

晕厥的原因有很多种，但最终都是因脑部供血不足而眩晕。热暴露时，人体皮肤血管适应性扩张以将过多热量散出，超过正常比例的循环血远离中央循环，导致脏器供血不足，包括大脑。长时间站立、贫血、发热、低血糖或者急性损伤也都可能导致晕厥。

热晕厥患者应在水平位置休息15~30分钟,不能坐下5分钟后立刻站起。由于血液回流至大脑,一般患者会很快醒来。鼓励饮用适量冷甜液体(如运动饮料),在之后的活动中应避免脱水、漏餐或站立过久,避免进一步发作。

(4)冻伤

冻伤是组织冻结造成的伤害。除低温暴露外,烟草、酒精、血管疾病、着装过紧、高龄等导致的血液循环不畅、疲劳、潮湿都可能导致冻伤。在山上的时候建议不要喝酒,因为饮酒后感受到的热实际上是皮肤上的毛细血管扩张、热量散失的结果,会加重冻伤。

冻伤可按严重程度分。

I度冻伤:麻痹、红肿,没有组织缺失。

II度冻伤:表层起疱,疱中有黄色或乳白色液体,四周红肿,有少量组织缺失。

III度冻伤:深层起疱,疱中是紫色含血液体,伴随组织缺失。

IV度冻伤:损伤深达肌肉、骨骼,可能导致肢体坏死。

对于冻伤,快速复温是标准疗法。但如果无法持续复温,则不要贸然解冻,防止更严重的再次冻伤。首先移除紧束的首饰和湿衣物,换为干燥衣物。将冻伤部分浸泡在40~42℃热水中,不要太热以防止烫伤。换热水时,先移出受伤部位,测试好水温后,再重新浸入。完全解冻至恢复知觉通常需要30~45分钟。不要大力揉搓或借助篝火、露营火炉、汽车尾气等复温。

快速复温后6~24小时可能会出现水疱。不要弄破这些水疱,用松软的无菌绷带(可涂芦荟水、凝胶或乳霜)保护解冻后的皮肤,在脚趾间垫上无菌棉或羊毛毯,用宽松绷带固定,然后送医。

注意：

预防冻伤的方法有：穿衣以身体温暖为前提；保持衣物干燥；不要用裸露皮肤触碰纯金属；寒冷环境多动；涂防晒乳霜或润滑脂预防风伤；保持充足水分、足够饮食；不要在冰冷天过度冲洗皮肤，如果过于干燥，可涂凡士林软膏；不要饮酒、吸烟；修剪指甲；避免在极端天气下做运动。

（5）失温

失温指的是人体的核心温度过低导致无法正常维持体温的现象。当体温低于35℃时，人体就无法通过寒战来产生热量以保持体温。如果不能及时复温，严重时可能导致死亡。

在治疗时，第一个原则是怀疑。判断低温状态最有可能的线索是精神状态改变，如对活动失去兴趣、跌跌撞撞、胡言乱语甚至出现幻觉。第二个原则是测温。如果条件允许，应使用刻度为23.9℃～40.5℃（75℉～105℉）的低温温度计，最可靠的是直肠测温，尽管不易操作。

应当保护伤者免受二次寒冷。同冻伤一致，应去除湿衣物，换为干燥衣物，或睡袋、隔热垫、泡沫包装、毛毯甚至报纸。可以用热水瓶（衣物包裹防止烫伤）对颈部、胸壁、腹股沟等位置热传导捂热。不要通过剧烈运动、揉胳膊和腿、直接浸泡温水复温（此处与冻伤处理不同），这些粗暴的方法可能导致心脏纤维性颤动，无法有效泵血。同时尽快寻求救援。

3. 其他伤病

（1）水疱

穿着不舒适的鞋及长途徒步和爬山容易使足底起水疱。以下是一些预防水疱的方法：如果穿新鞋，应当花费足够多的时间来进行磨合；老茧和脚趾甲应该保持修剪；可以穿两双袜子，内层光滑、紧而薄，外层厚、编织的，目标是使皮肤与袜子的摩擦转移至袜子之间；避免污垢、砂石进入袜子中。

当出现水疱后，如果未破，最好保护疱囊，然后用小的创可贴或黏性小垫覆盖。可对水疱进行引流：用酒精清洁皮肤和别针，然后用别针在水疱边缘刺小孔（而不是一个大洞），用手指轻轻挤出水疱液。但不应对深至胼胝层的水疱进行引流，这样可能会带入细菌感染。

如果水疱流出暗色液体或者皮肤红热、向心脏方向出现红线，则表明发生了感染。如果水疱破裂，也有感染的风险。此时应当完全敞开，用小剪刀或利器小心划开水疱，清除坏死皮肤。然后按照类似处理擦伤的方式进行包扎处理。

（2）抽筋

抽筋（肌肉痉挛）常伴随肌肉过度负荷或水和盐分的缺失。治疗痉挛需要温和的运动、按摩，进行相应肌肉的伸展运动，补充水和盐分。建议在剧烈运动前和运动期间及时补充电解质（补液盐、运动饮料等）。

（3）疲劳

严格来说，疲劳（嗜睡、疲倦、劳累、全身乏力、运动耐力降低）不算一种伤病，但是可能是某种疾病或功能障碍对一个人能量级别削弱的迹象。

在户外活动中，开始状态良好但随后感觉疲劳的人，应仔细检查是否有失温、中暑、高原疾病、感染、精神抑郁、贫血（眼见内黏膜苍白、甲床苍白、皮肤蜡黄）、脱水或饥饿等症状。如果还伴随呼吸急促，在原因不明前，请不要远行。突然发作的疲劳也可能是心脏病发作。

如果出现疲劳，应至少休息12小时，保证摄入充足食物，注意防止脱水。

（4）动物伤害

不同动物的伤害处理方法不尽相同。动物咬伤的第一原则是进行彻底清创。可用肥皂水和清水交替用力冲洗至少15分钟。如有冰块，可进行冷敷。对于开放伤口、刺伤伤口，按照前述方法进行处理，包括消毒等。

对于蛇咬伤，彻底的治疗方法是抗蛇毒血清的使用。被蛇咬后不要惊慌，大多数咬伤甚至毒蛇咬伤都不会导致医学上的毒液蛰入。应尽快送医,注意避免无畏的活动加速可能的毒素扩散。可以采用压迫固定法抑制可能的毒素扩散——用绷带简单包扎整个肢体,并用夹板固定。如果可能的话,识别蛇的种类或拍摄蛇的样貌,但不要浪费时间抓住或杀死蛇,除非蛇已经被当场打死,那么可以将其放入容器内带至医院。

对于昆虫咬伤,如蜜蜂,应做好应对过敏反应的准备。残留在皮肤上的蜇针应当用镊子或手指尽快移除。如果出现重度局部反应,应送往医院治疗。

对于哺乳动物和蝙蝠类的抓伤或咬伤,除了基本的止血、清创外,还需用碘伏消毒以尽可能杀灭狂犬病毒。狗、猫、狼、狐狸、臭鼬、蝙蝠、旱獭是最常见的狂犬病毒携带者。应尽快就医,由医生判断是否需注射狂犬疫苗和抗狂犬病血清。

(5)骨折

骨折可分为单纯性骨折(一处骨折)和粉碎性骨折,也可分为闭合性骨折(皮肤未受损)和开放性骨折(皮肤裂开,骨头可见)。无论何时,如有明显外力导致如下损伤,应当疑似为骨折或脱臼:听到断裂或破裂声,伤者不能移动或不能承受自身重量,受伤部位出现疼痛、肿胀、变色、变形等。可以与正常肢体比较,例如,伤者的另一侧对称的肢体。

所有骨折都可能导致一定量的失血。即使肢体循环正常,也不要采取不必要的推拿手段治疗,避免骨骼、神经、血管的更多损伤。对于开放性伤口,应该按照较大破损的伤口处理办法止血、包扎、清创等,清创时不能太用力。按照前述方法用夹板固定。有一些复位的方法,但对于非专业医疗人员还是建议不要进行复位,而是送至医院进行专业治疗。

(6)其他疾病

户外运动中还可能出现胃肠道疾病(如腹泻)、上呼吸道疾病、高原疾病,可能伴有感冒、发热等。这些疾病的治疗需要服用一定量的药物,可以查阅更专业的书籍进行了解，此处不进行详述。

思考题：

1.判断下列说法是否正确，如果错误，则请改正：

a.户外急救应该首先不顾一切地抢救生命。

b.当受伤者较多时，应当先处理容易处理的，再处理难处理的。

c.对于由于个人原因导致受伤的、影响队伍行程的，应当当场予以批评。

d.在搬运伤者时尽快搬运，不要在意伤者的姿势、状态，这是浪费时间。

e.感冒只是很小的疾病，不必太在意，撑一撑就过去了。

2.户外急救的基本流程包括哪几个部分？

3.判断伤情时应当检查伤者的哪些情况？

4.简述检查呼吸和心跳的办法。

5.心肺复苏术包含哪几个部分？

6.创伤急救的四大技术是什么？

7.简述螺旋形包扎的方法。

8.如何制作简易担架（举出一例即可）？

9.简述扭伤、刺伤、中暑、抽筋的处理办法。

10.什么是失温？

11.预防脚底水疱有哪些办法（举出两种即可）？

第11章
运筹帷幄之中，决胜千里之外——户外运动总体计划基础技能

好的计划是成功的一半，美国行为科学家艾得·布利斯提出过这样一个定理：用较多的时间为一项工作做事前计划，这项工作所用的总时间就会减少，工作质量也会提升。换句话说，做计划的时间与工作效能成正比。与其像一只无头苍蝇般盲目摸索、四处乱撞，不如事前多花费一些精力制订一份切实可行的计划，以保证工作的顺利进行。

因此组织一次户外运动也需要综合考虑多种因素，进行严谨、细致的总体计划。在保障安全，达成活动目标的同时，享受户外运动的趣味。

户外运动的总体计划是指对户外运动从筹备到实施的整个过程进行统筹安排。这要求计划者综合运用各项户外运动技能，考虑周详，搜集资料，调度资源。本章介绍户外运动总体计划的一般步骤。

可以用"6W"法分析制订一次活动计划时需要面对的基本问题。

Why：为什么要组织本次户外活动？本次活动希望达成什么样的目标？

Who：什么人将会参与本次户外活动？他们的构成、需求、特质、技能水平如何？参与者们各自扮演怎样的角色，组织者、领导者、学习者等等？

When：何时出行，时长多少，有多大调整空间？详细的日程安排如何？

What：什么性质、何种类型、对选址区间和硬件设施有无要求？

How：怎样组织本次户外活动？需要寻求哪些帮助，搜集哪些资料？

How much：能接受的预算范围是什么？

制订计划的过程可以划分为五步：人群分析、目标设定、资源测评、计划评估、计划实施准备。

注意：

户外安全观

一切组织计划都应在正确的户外安全观指导下进行。

要心怀敬畏。人力在自然面前极其微弱，我们应当始终敬畏自然，不低估风险，准备充足再出发。

要有规矩意识。户外运动需要有规矩意识和执行力，要令行禁止。

同时，探险不等于冒险。还要有责任意识。

要提防以下登山思想误区：小山无风险。事实上，城郊小山也可能遇到恶劣天气，发生严重的户外安全事故。只要进入户外，就都要认真计划准备，注意安全。

一天无所谓：一天的短途户外运动也应周密计划。

随意结伴行：要谨慎选择队友，有基本的相互了解，尤其是在参与一些高风险户外运动时。

一、活动参与人群分析

户外运动的参与者是影响一次户外运动计划制订的首要因素。需要考虑的是，一项活动适合什么样的人群参与，即将参与此次户外运动的人群适合何种形式、何种强度的户外运动。从以下三个方面入手分析活动参与人群的特性：目标人群的需求、类型特征和技能水平。

1. 目标人群的需求

户外运动包罗万象，不同参与者对户外运动有着不同的理解和需求。

以休闲放松为目的的户外运动在组织计划上显然与以挑战自我为目的的户外运动不同；组织户外竞赛与不计成绩的体验式户外运动也有较大区别。也许初学者、入门者只是希望体验一下未接触过的户外运动项目；有一定基础的户外爱好者则可能更关注难度与挑战性。部分参与者喜欢体能方面的挑战，有的人则更希望追求技术上的难度与趣味。在环境方面，是选择高开发程度的景区，还是更有野趣的线路；是山谷、森林，还是草原、海滨，也会给参与者带来不同的体验。

此外，还需要了解队员期望的活动周期、队伍规模与可以接受的弹性空间，以及队员对风险的预期和接受程度等。事先充分沟通预期和需求，能避免实际开展户外运动时发生摩擦。

了解了目标人群的主观诉求之后，计划者还需要考虑他们主观诉求与客观条件的匹配程度。不能为了迎合参与者的愿望，从而制订超出队伍和领队能力的户外运动计划。

2. 类型特征分析

队伍的年龄结构、性别结构、身体状况、团队规模等群体结构特征是制订户外运动计划的基本依据。

要对队员的整体健康状况和运动水平有一定评估，并选择相应的户外运动形式，控制运动强度和负重。为了保证安全，将强度控制在对大多数队员来说都比较合理的范围内，选择身体状态差距不大的队员组成队伍更为适宜。制订计划均应以队内身体状态最差者能接受的程度为准，或是选择分组行动。如果队员身体状况确实不适合进行户外运动，要及时劝阻。

环境、户外运动项目类型与领队人数均会对队伍规模形成限制，过大规模可能增加安全隐患。要根据实际需求确定队伍规模，领队、协助人员与队员比例及男女比。

注意：

隔夜徒步露营中领队与参加者比例不应低于1∶12；一日徒步活动不应低于1∶20；攀岩、攀冰等活动通常不低于1∶6。在一些高难度运动或高端商业活动中，协助人员与参与者比例会达到1∶1甚至更高。

如果在野外环境中要分组行动，必须确保每一组内有有能力独立领导本组行动，确保安全的队员。如果设置向导和押后，要确保分队后各队结构完整，都有向导和押后。

队员之间关系的密切程度也是队伍类型特征的重要方面。和谐高效的团队更容易解决各种意外,而内部存在矛盾则可能带来隐患。

注意:

参与者的来源和组织形式往往是计划者最容易获得的信息。通过不同渠道集结起来的队伍一般具有不同特性。

(1) 通过AA制自由集结的队伍一般由有一定户外经验的户外运动爱好者构成,大多数队员往往彼此相识,但熟悉程度有限,可能难以形成固定的领导核心,在需要做出决策时,如何保证服从性容易成为问题。

(2) 如果参与者是通过兴趣集结的学生群体,如学生社团或兴趣类课程。报名参与者一般体能较好,兴趣浓厚,成员之间比较熟悉。可以根据具体情况设置有一定挑战性、能学习到更多技能的户外运动。

(3) 以商业活动形式组织起来的户外运动一般会给出报名条件。对于难度较低的入门级商业户外活动,参与者往往缺乏户外经验,但有一定兴趣和中等的体能水平;如果是分散报名的形式,成员之间一般并不相识,需要在这一过程中了解彼此和培养感情。

(4) 如果是强制性的学校课程或公司活动,队伍成员的体能、感兴趣程度可能参差不齐。要结合学生的年龄而设计既具有趣味性,又低强度、低风险的户外运动项目。

3. 技能水平分析

参与者的户外运动经验、体能状况与户外技能掌握状况也是队伍类型特征的一部分。对于计划户外运动来说,这些信息具有最直接的指导意义。

最好的了解技能水平的方法是通过实际表现进行检验,如果没有实际检验的机会,可以通过了解队员的户外经验估计其技能水平。但仅凭描述获知信息可能会出现实际情况与预期不符的问题。如果无法通过实际检验了解队伍的能力，要在计划时留出更多缓冲余地。

对于技能水平的评估，要统一评价标准。在国内，在一些户外运动领域缺乏统一的行业规范，通过不同渠道习得的技术在标准上或有差异。在计划阶段进行技术统一是必要的。

不仅要了解每个成员的技能水平，还要对整个队伍的技能水平构成有整体把握，鼓励队员之间互相尊重和帮助。

二、目标设定

在充分了解目标人群之后，还需要明确户外活动的目标。在行前需要向队员准确描述此行的目标，达成一致，在此基础上展开活动计划。

目标设定要符合"SMART"法则。
S（Specific）：目标明确。
M（Measurable）：可以度量。能进行量化评估或程度评估。
A（Attainable）：可以达到。在参与者能力范围内。
R（Realistic）：符合实际。领队、参与者、具体活动环境能为达成目标提供充分的条件。
T（Time frame）：时间合理。

目标过高或过低、计划时的目标设定与队员个人目标预期不符都可能导致队内矛盾或体验不佳。

三、资源测评

1. 搜集背景资料

搜集背景资料主要有两种目的：其一，确保活动合法合规；其二，了解环境、场地情况，为活动的详细计划做准备。尽量详尽地搜集背景资料，有助于强化风险管理，相关内容参见第12章。

（1）确保活动合法合规

了解要在当地开展此项户外运动是否需要得到许可，如果需要，要清楚申请流程及所需申请材料如何准备。

对队伍规模有无限制，有无人员资质要求。

露营地点有无限制，是否需要审批。

沿途有无保护区或禁行区，如动植物保护区、军事禁区、宗教区域等。

（2）了解环境、场地情况

了解当地气候，搜集行程期间的天气资料。

调查路线情况，详见第8章。

如果在陌生区域开展户外活动，往往需要了解当地情况的向导带领。

注意：

搜集资料的渠道

联系当地有关部门负责人，通过官方途径获取法律法规相关信息。

通过各种户外论坛、分享帖获取信息。

与去过当地或走过相同路线的人进行交流，获知他们的行程情况和遇到的困难。

2.掌握现有资源

（1）人力

户外运动的计划筹备往往需要以团队的形式进行，参与一次户外运动计划和实施的人员可以划分为以下部分：

指导者。不参与本次户外运动的指导老师、教练员、富有经验且乐于分享的队外人员。

筹备者。参与前期筹备，可能不参与本次户外运动。

参与者。本次户外运动的实际参与者，又可以划分为领队、协助人员和参与者。领队、协助人员和部分参与者可能会参与到前期计划筹备过程中。

一些户外运动项目还需要专业人员的指导和协助。

尽可能地调动参与者们参与户外运动的计划和筹备，这样有助于他们熟悉各种事项和装备，增进彼此之间的了解。在计划实施过程中，也会有更好的执行与应变能力。

（2）物力

一次户外运动能够获得怎样的物质支持，包括场地支持、集体装备和个人装备、医疗用品、食品食材等，要综合现有资源、路线设计、补给情况、资金预算来考虑。

（3）资金预算

要做好资金预算。资金是完成活动计划的重要保障。在交通、食宿、宣传等方面做好成本控制，制订和落实资金预算，对于保证户外运动的成功开展至关重要。如果有定额预算，要合理分配落实。如果是成员分摊，要做好交流，避免纠纷。专人管理资金，清晰记录收支情况，公开透明。

资金预算不应阻碍紧急情况下的向外求援。紧急情况下以安全为重，为挽救生命可以不计成本。

3. 团队管理及分工

户外运动的计划头绪繁杂，需要团队协作完成。各个部分专人负责，合理分工，能显著提高效率，明确权责划分，降低出错的可能。

一次户外运动需要的常规计划包括以下方面：

领队计划，按日期详列每日行程任务与重要时间点，详细陈述本次户外活动的性质、目标、安排、难度等，列出对团队和成员的各项要求；确认活动的合法性。

路线计划，包括地图、路线、行程表、紧急预案等，参见《户外运动地理勘察基础技能》。

餐食计划，包括餐食的购买、分配、烹饪和食用计划，参见《户外运动身体补给基础技能》。

装备计划，包括个人装备、营地装备、技术装备等，参见《户外运动装备基础技能》和《户外运动野外宿营基础技能》。

医疗计划，包括随队医疗人员携带的医疗用品，对于常见伤病的处理方案，以及紧急情况下向外寻求医疗援助的方案，参见《户外运动伤病防治基础技能》。

财务计划，整合各部分开支预算，并在计划实施过程中记录实际收支情况。

在实际操作中，应明确各项工作的负责人和协助者，随时监督计划实施情况。

注意：

行前会议

在户外运动成行前，一般需要召集所有人，明确总体计划，强调注意事项。对于流程复杂、周期长的户外活动，有时需要召开多次行前会议。

要确保各事项按计划进行，如果有变动，要及时调整计划。所有准备环节需要相互配合，构成整体，组织者需要对各个环节的实施情况有充分的了解。

4. 制订紧急预案

要事先考虑并计划清楚，在户外运动的各个阶段，一旦发生紧急情况，要如何应对。关于户外运动中可能遇到的风险情况，参见《户外运动的风险管理基础技能》一章。

紧急预案至少应该包括以下几个方面的内容。

为每位队员建立医疗档案，了解队员身体健康状况、病史和常用药。

事先制订一份紧急行动计划联系人名单，包括组员与组员的紧急联系人的电话、带队教练电话、当地急救电话、救援队电话等。必要时，设定紧急情况联络人，事先明确如果遇到紧急情况，可以向谁寻求经验和帮助。打印联系人名单并备份，随身携带。

查明活动区域到医院的路线，明确紧急下撤点和紧急下撤方案，以保证求援时能准确提供所在地位置信息和交通信息。

在出行前，每个成员有必要了解紧急预案，尤其是与紧急预案实施有关的人员。要确保一旦启动紧急预案，能做到流程清楚，行动高效。

四、计划评估

1. 自我评估

户外运动计划者未必精通户外运动的所有领域，在计划中可能对某些需要专门知识技能的部分感到棘手。在制订计划时，首先要评估自己的能力和经验，对于自己不擅长的领域，要及时寻求援助，加强学习。在计划制订完成之后，要先对计划进行自我评估，检查有无疏漏，是否符合出行的人群和目标，并着重检查有无安全隐患。

2. 他人评估

计划制订者自行检查计划可能查不出自己的思维漏洞或是因能力不足导致的疏漏。由计划制订者以外的人来进行活动计划评估，其效果会更好。

如果有条件，可以请专业组织和专业人员对计划做出评估，提出改进意见。

可以向更有经验的户外运动者寻求帮助。

听取户外运动参与者的意见，从接受者的角度指出计划中有无存在歧义或表述不清之处，如果参与者在阅读计划后对某些事项存疑，要及时交流，做出解释，考虑是否需要调整计划。

五、计划实施准备

在实施计划之前，还需要再次查漏补缺，进一步确认。

明确活动思路：研究整个活动，熟悉事先搜集的各种有用信息。把握活动目标，梳理分工协作情况，保持灵活性。

计划再确认：完善各项工作计划，确认计划进度，确保相关人员熟知计划且具备相应能力。养成再确认的习惯有助于避免疏漏。

确认备份计划：预测可能发生的意外情况，再次检查备份计划。

确认计划通知到每个人且无疑问。

注意：
实施、制订行程计划时的常见问题
（1）装备物资计划失误：多带、少带、漏带、错带。

（2）体力透支，不能完成行程；能力不足，不能应对实际情况，引发危险。

（3）时间估算不足，要压缩行程或晚归。

（4）目标不清晰，不知道要做什么；目标太多，无法实现。

（5）过于专注计划的完成，为计划而计划，缺乏整体平衡，以及享受大自然的乐趣。

（6）组织松散，分工不清，职责不明。

在一次户外运动结束后，要进行活动总结与评估，获取参与者的意见反馈。这能让我们发现各个环节中存在的问题，从而更有效地积累经验，不断改进。

思考题：

1. 制订户外运动计划的基本步骤有哪些？
2. 请你设定一个符合SMART原则的单次户外运动目标。
3. 一个完整的户外运动计划一般需要包括哪些部分。
4. 为什么要制订紧急预案？如何制订紧急预案？

第12章
患生于所忽，祸起于细微——户外运动风险管理基础技能

户外运动的独特魅力吸引着越来越多的人群，心向往之的同时，也有很多人积极投身其中，但如果不具备相应的技能，又没有熟练的人带领，就容易忽略背后的风险，甚而发生意外。虽然户外运动的核心价值和魅力之一是体验探险、寻求挑战，但为了能更安全地开展户外活动，我们必须掌握一定的风险管理技能。

近年来，我国的户外运动发展很快，在自然环境中进行登山、攀岩、徒步、露营、骑行、定向越野、皮划艇、滑雪等多项独具魅力的运动，吸引了越来越多的参与者，正在逐渐成为受全民欢迎的体育项目。与此同时，户外运动中发生事故甚至导致伤亡的情况也明显增多。

通常而言，客观存在的危险是户外运动中伤害发生的基础因素，主观上的准备和处置不当则往往是伤害发生的直接原因。根据李舒平的《户外运动的风险管理》一书，有关文献曾对11例事故进行了详细的分析，结果表明，导致每例事故发生的危险因素达到25个以上，并且大多数事故中都有主观上的不足和错误。为了能够更好、更安全地开展户外运动，一个重要且有效的方法是对户外运动进行风险管理。

户外运动的风险管理指的是将现代风险管理的概念和方法运用到户外运动中来。在传统意义上，"风险"一词等同于危险，即导致事故发生的各种因素。而在现代风险管理理论中，风险指的是"失去或获得某种有价值事物的可能性"，其存在不仅是因为客观危险，还与人类的决策和行动的后果有密切联系。除此之外，风险还取决于人们如何分析其中的利弊、对待其带来的得失。因此也有学者认为，任何事物本身都不是风险，但任何事物都能成为风险。

现代风险管理包括了对风险的度量、评估和应变策略，它要求我们首先要识别风险，确定何种风险会产生影响，评估其不确定性以及可能造成的损失；其次着眼于风险控制，制订切实可行的应急方案，并在风险发生时实施以控制损失；最后，还要学会规避风险，通过改变方案的实施路径，从根本上消除特定的风险因素。

风险管理的意义在于更有效地管理财产和活动，给予活动参加者更安全的环境，更广泛地思考活动的目标和成就。风险管理还可以帮助发现并弥补组织上的不足，提高对法律法规的认识，降低成本和预算，改善参与者的体验，并加强组织管理水平。

将现代风险管理应用在户外运动中，要求我们掌握以下户外运动风险管理基础技能：了解不同种类的风险、树立正确的户外运动安全观、做好充分的行前计划和准备，以及掌握一些现场处理和常见风险应对的策略。本章将从这四个部分分别进行介绍。

一、户外环境与风险类别（风险成因与事故模型）

下图是《山野》杂志统计的2017年—2020年我国登山户外运动事故类型统计图。可以看到，导致事故的具体风险多种多样，其中迷路和滑坠的频率最高。

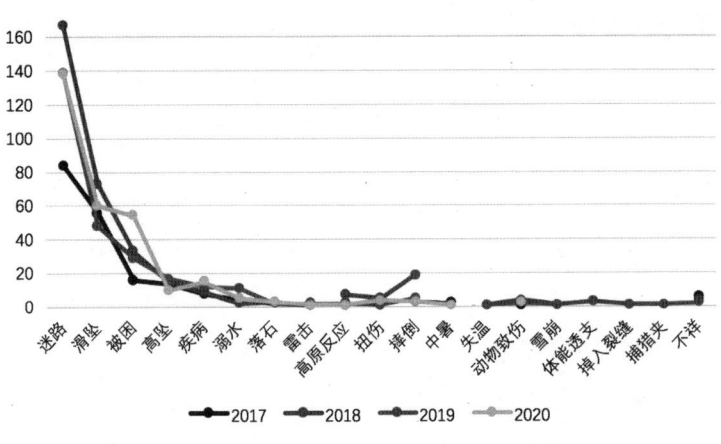

2017年—2020年我国登山户外运动事故类型统计

上图涉及的各种风险可以按一定规则进行分类总结。NASA在分析事故原因与建立对策时采用"4M"法，即人（Men）、机械（Machine）、媒介或环境（Media）、管理（Management）。类似地，在分析户外运动的风险时，我们也可以将直接的风险因素分为环境因素、人为因素、装备因素。

环境因素主要是指地形和天气两大因素，还包括动植物、路况等。户外运动中遇到的风险有相当大一部分是由环境因素造成的，例如：陡峭、崎岖、狭窄的路段可能导致摔伤骨折甚至坠崖；雨、雪、雾、冰雹、雷电、大风等恶劣天气可能导致迷路、跌倒甚至失温；有毒昆虫、毒蛇则可能导致中毒，等等。

常见的地形地貌包括坡地地貌、流水地貌、岩溶地貌、冰川地貌（冻土地貌）、风成地貌（黄土地貌）和海岸地貌。

坡地地貌多表现为陡坡、碎石坡等，可能导致落石、山体滑坡等危险。

流水地貌表现为片流、洪流、河流等，连续降雨后可能导致洪水泛滥。

岩溶地貌（又称喀斯特地貌）指的是地下水和地表水对可溶性岩石的破坏和改造所形成的水文和地貌现象，由于其地质结构不稳定，因此可能导致地表塌陷。

冰川地貌出现在极低高纬和高山地区，大气降水以固体降水为主，终年积雪。可能的危险包括低温、滑坠、掉入冰裂缝、雪崩等。

风成地貌和黄土地貌主要分布在大陆内部干旱和半干旱地区，可能导致的危险包括干旱、沙尘等。

海岸地貌是一定宽度的陆地和海洋相互作用的地带，可能会出现溺水、海啸等危险。

山区的气候特点是小气候、变化快、难预测，其昼夜温差大，且受海拔影响大。许多事故都是因为山区快速变化的恶劣天气造成的。在山区进行户外运动时，天气的变化需要引起我们的高度重视。

除了环境因素，风险的成因还可能是人为因素，包括身体状况、经验、技术、心理和沟通交流等。队员中如有体能不足、缺乏锻炼者，那么在长时间的运动后可能导致体力透支、抽筋；如果有队员经验或技术不足，在进行一些有技术难度的操作（例如：攀岩的先锋攀爬、滑雪场滑高级道）时可能导致事故；如果心理、沟通交流方面有障碍，可能导致心态崩溃、团队关系破裂，进而引发更严重的后果。

装备因素也是风险的成因之一，包括个人装备、技术装备、后勤装备（物资装备、医疗装备、通信装备）等。装备准备不足是户外运动中导致风险的一大重要因素，例如：缺乏一定的保暖服装可能导致在低温环境下的失温，没有检车就上路可能导致在野外半途中出现故障，缺乏食物、医疗物资、通信设备都可能导致相应的风险。此外，装备的不合理使用也是导致风险的因素之一。

户外运动常见风险因素表

	地形与天气		交通	
环境	岩石区 无遮掩暴露区 低温 下雨 黑暗 太阳暴晒		路面差 黑暗 路况不熟 路途艰难 行人/骑车人	
装备	鞋子不合适 衣着不合适 装备不工作 炉子不好使			
	参与人	领队	司机	团队
人	无危险意识 无避风险的技能 拒绝指导 忽视他人、装备等 好表现自己 体力、耐力等 恐惧/着急	缺少环境危险知识 脱险技术不娴熟/不适当 安全判断力弱 缺少必要的技能指导 指示不明确 监控不力 纠正错误不及时 压力下办法不多	驾驶不娴熟 赶时间 疲劳驾驶	未形成团队协作 未消除个人之间摩擦 交流不畅 过度竞争 对不同个体缺少关注 过分地表现 缺少压力下正常工作的训练 缺少领导力训练 小团体（拉山头）

在"4M"法中，还有一个因素，那就是管理因素，它在户外运动中的对应物是活动的组织因素，属于风险发生的间接因素。如果组织者对环境的预先了解不足，如缺乏对地形的了解、没有调查好天气状况等，这些既可能导致队员在装备上准备不足，也可能导致队员产生麻痹大意的心理，进而间接导致风险的发生。除了管理因素，如果还需要剖析更深层次的原因，则还包括社会心理因素。例如：有经验者常常容易犯的"过于自信"的错误，归因理论（不愿承认自身失误而总是归结于外部因素，导致相同风险频繁发生），风险自我平衡（由于新的安全装置出现，导致准备冒险的量级增加），等等。如果不严格区分直接因素和间接因素，管理因素、社会心理因素也可以简单归为人为因素。

环境因素、人为因素（管理因素、社会心理因素）、装备因素不是相互孤立的，而是综合在一起、共同导致风险的发生。根据事故轨迹交叉理论，事故是许多相互联系的事件顺序发展的结果，当人的不安全行为和物的不安全状态在各自发展过程中（轨迹）发生了接触（交叉），伤害事故就会发生。以野外徒步过程中的滑坠风险为例。一次滑坠可能是多方面因素造成的，环境因素可能包括地形比较崎岖狭窄、雨雪天气比较湿滑，人为因素可能包括体力不支、忙于拍照而不注意脚下，装备因素可能是穿了不适宜的鞋，等等。为了能够更有针对性地应对风险和预防风险，我们有必要这样全面分析导致风险的因素。

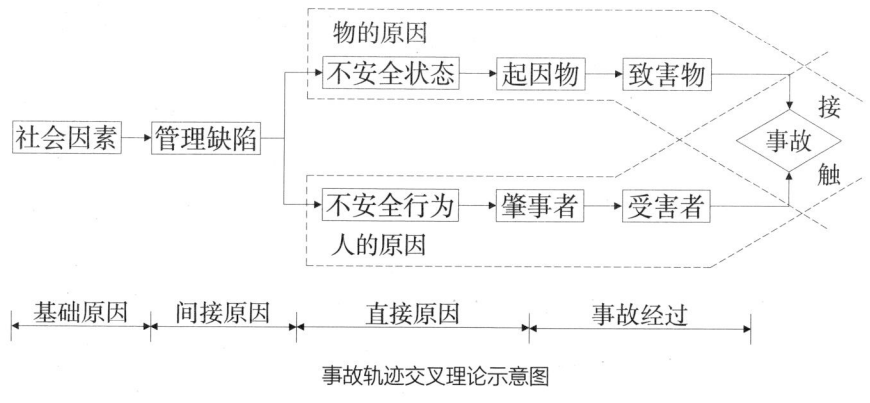

事故轨迹交叉理论示意图

除了按照成因进行划分，风险还可以按照性质进行分类，其中最主要的是人身伤害，例如，陡坡滑坠、扭伤、迷路、滚石、洪水、泥石流、失温、毒蛇咬伤等，也包括经济损害、声誉损害等。此外，风险也可以按照发生的主体进行划分，包括人、组织、社会等。

二、正确的户外运动安全观

在对风险进行评估并制订预案之前，我们还需要对风险的特性进行更为详细的分析，树立正确的户外运动安全观。

首先需要明确的是，风险管理的目标并不是追求绝对的安全。无论怎样减少危险因素和提高安全控制，在户外运动中，风险总是存在的。事实上，户外运动的核心价值和魅力之一就在于体验探险、寻求挑战。参与这类活动，可以满足人们对于难忘的经历和情感的渴望，会积极有效地激发和提升人的创造性、自信心等。户外运动中所遇到的风险能够让人体验到克服困难或迎接挑战的兴奋感，而在顺利完成活动时，又能给人带来成就感和幸福感。各种不同的群体征服了难以想象的困难，完成了看起来似乎无法完成的任务，并且突破了很多自我认识中的局限性，最终通过探险体验得到了自我提高。

因此，户外运动已经成为实现个人成长与发展的有效途径。有的时候，领队甚至可能有意识地增加一定风险来促使参与者走出舒适区，例如，在爬山时设置冲顶环节，尽管也有其他一些专业人士对这样做的价值表示怀疑。

与此同时，我们也需要将户外运动中可能出现的风险控制在一个可以令人接受的水平上。但是，由于不同的人对于风险的感知程度是不同的，因此这个水平也各不相同。以登山为例，有的人可能觉得登山是非常危险的、置自己生命于不顾的活动，有的人则会认为登山的危险是可控的，只要做好各种安全防护措施、不要鲁莽行事就可以。

户外运动的接受程度还包括社会的容忍和接受程度，尤其是在出现事故后，社会可能会进行激烈的批评。在某些特定情况下，社会的反应尤其突出，包括团体对活动不熟悉、没有专业团体或领队带领、参与者未被告知可能的危险、团体过于冒进、团体不愿承担应有的风险和责任等。因此，在组织户外活动时，需要同时考虑参与队员和社会对风险的容忍度，普及安全教育，增强风险意识。

根据对主客观危险水平的评估、对风险控制手段的运用程度、以往遭遇风险获得的经验，风险的水平可以分为三个层次：绝对风险、剩余风险和感知风险。绝对风险指的是在缺乏安全控制措施的环境中，风险发生的最大限度，换句话说就是可能出现的最糟糕的情况；剩余风险即绝对风险得到安全调控后仍然存在的风险；感知风险则是任何人对剩余风险大小的主观评估，其大小可以涵盖绝对风险到零风险的各个水平，除了受自身的经验和认识的局限性影响外，还与个人的身体状况（是否疲惫）、心理上的情绪（恐惧、焦虑、其他个人情绪）、外界的环境、团队中的其他人等相关。

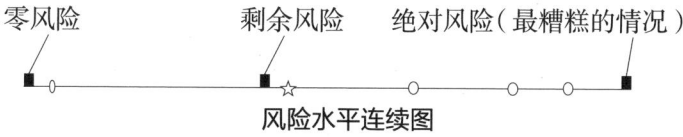

风险水平连续图

O：新手感知风险（每个新手在这项活动中感知到不同的风险水平）

☆：领队感知风险（领队应对风险的感知应接近实际存在的剩余风险）

感知风险往往并不与剩余风险相协调。当感知风险高于剩余风险时（这种情况很容易在新手身上出现），参与者可能会产生焦虑、逃避的心理，例如，蹦极的人可能会很害怕，尽管他们跳下去并不会有任何身体上的伤害。当感知风险低于剩余风险（这种情况不仅会出现在新手身上，还常常在一些有经验的人身上出现），参与者可能会产生掉以轻心的心理，导致采取草率的危险行动，增加了危险发生的可能性。

户外运动的许多事故都是参与者甚至组织者的麻痹大意造成的，领队必须时刻保持高度的警觉，认真细致地做好工作，这样才能使活动更安全地开展起来。

总而言之，风险管理的目标是通过调控，尽量使得剩余风险降低，需要注意避免感知风险与剩余风险相差太远。与此同时，也要发挥风险的激发作用，使得活动收益最大化。

三、行前计划与准备

做好行前计划和准备是风险管理的重要部分。通过风险评估、制订风险预案，我们可以提前规避一部分风险，降低、转移、分散剩余风险，同时注意保持一定的风险以追求理想的收益。本书的《户外运动总体计划基础技能》一章已对行前计划做更详细的介绍，此处将从四个方面介绍计划中和风险管理相关的部分，包括法规和经验准备，收集资料，领队和成员的选择、培养和提高，制订风险管理方案。

1. 法规和经验准备

法规具有强制性的要求，是参与团队都必须遵守的规定。部分种类的户外运动有相应的管理规定，例如，高海拔攀登活动需要遵守中国登山协会的《国内登山管理办法》，包括团队需要具备一定的资质、配备一定比例的高山向导、攀登山峰前需要提前申请、缴纳登山环保费，等等。一些特定场所的活动需要遵循场所的管理规定。如果是竞赛活动，需要遵守《全国体育竞赛管理办法》。学生社团的活动还需要遵守学校团委的相关规定。许多规定都是吸收了一些事故的惨痛教训后才逐渐完善的，例如《国内登山管理办法》，在2000年广东、北京等地登山俱乐部未经报批攀登玉珠峰出现山难后，增加了对团队资质的要求。因此，遵守法规本身也是风险管理的重要部分。

除了统一的法律法规，户外活动组织方也要建立严格、严密的安全管理制度。良好的安全管理制度要科学细致，便于执行，随着时代的发展、行业技术标准的更新而相应地修改完善。

户外活动的组织通常还需要遵守一些行业标准和指导方针，这里指的是业内已得到认可的一种经验总结。本书第4章到第10章介绍的各项基础技能都属于业内认可的经验总结。掌握并遵守这些技能和方针可以有效避免许多不必要的危险。

2. 搜集资料

足够可靠的各种相关信息资料是建立高效、高针对性风险管理系统的重要基础之一，资料越丰富、越全面，设计出的风险管理方案会越准确、越有指导作用。事故资料的搜集可为户外活动的安全管理提供宝贵的信息，包括活动目的地、国家和国际资料，其中活动目的地的资料最为重要，去之前一定要详细了解，有条件的甚至可以亲自前往进行探查。其他地区同行业的资料也有重要的参考价值。

在搜集活动目的地资料的时候，可以从风险成因的三个方面——环境、人、装备——进行了解。在自然环境方面，需要了解地理、地形、气候、季节、水文、自然灾害等方面的资料，考虑是否可能出现坏天气、危险地形等前面提到的危险因素，以及交通状况如何；在人的方面，需要了解当地相关从业人员的经验是否充足，医疗条件、救援力量的情况如何，有时还需了解当地的社会风俗；在装备方面，需要了解是否能够购置或租用合适的装备、自己应该携带哪些针对性的装备，等等。

3. 领队和成员的选择、培养和提高

领队是风险管理中的核心人物，其领导和协调能力、技术能力、经验和经历、对风险形势的判断等在风险管理和处理险情中起着实质性的关键作用。在选择领队时，一定要详细考察其综合素质，并且要拥有相应的资质（例如，从业资格证等）。平时从业机构也要注重对领队的培养和提高。关于户外运动的领导力技能，参见本书第13章。

在有条件的情况下，也可以对其他参与者进行适当的筛选、培养，尤其是一些技术门槛要求比较高的户外运动。筛选、培养的目的是使得每个人的能力水平和活动难度相适应或略微超过，使活动收益最大化。假如参与者的条件参差不齐，则可能会有人因为活动过于简单或者过于困难而造成风险，同时也会使得活动体验不佳。

在开展活动之前，领队还可以采取多种策略增强团队整体识别风险的能力，例如，让每个人都参与风险管理、提前进行团队磨合、逐步示教具体技术、风险交底，等等。

4. 制订风险管理方案

风险管理的一大重要部分就是制订风险管理方案，对活动中各种可能的风险提前进行评估和设计风险预案，以提前规避风险，实际活动中处理风险时也能有章可循。风险管理方案应当包括以下部分：

风险识别，按照第一部分介绍的方法，分别从环境、人和装备三大成因分析并列举可能存在的风险。

风险分析，分析可能发生的机制和原因，分析什么地段、什么情况、什么人最容易发生。

风险评估，进行风险评估时需要从后果（人身伤害、经济、声誉等）的严重程度和可能性（发生概率）两个角度进行考虑，并以大量背景资料作为参考

依据判断风险的水平。

风险控制，根据风险分析和评估，有针对性地选择风险的防范和应对手段，制订预案，并在实际中进行运用。本章的第四部分将介绍一些具体风险应对的策略。

风险监控和记录，根据实际情况记录和总结，回顾并修正风险控制手段，提高风险管理水平。

风险管理方案的具体形式可以是多种多样的，只要能够包含以上关键内容即可。以下仅提供一种风险管理方案作为参考。

山鹰社科考队

××社团2020×××队风险评估和预案
风险发生概率评估标准： IM（Impossible）——发生概率极低 E（Easy）——发生概率小 M（Medium）——发生概率高 H（High）——发生概率极高 风险严重程度评估标准： T（Terrible）——表示严重威胁全队生命安全和国家稳定 H（High）——表示对人员生命安全、身体完整构成实质性的威胁 M（Medium）——表示对人员健康、队伍进程构成较严重的威胁 E（Easy）——表示对人员健康、队伍进程构成威胁，但影响不大或容易解决

A.居住地—XX县

新冠肺炎疫情相关

风险	发生概率	严重程度	可能原因	预案
成为新冠病毒密切接触者	E	H	未经防护密切接触感染者，或接触带有病毒的公共场地和物品	①全程正确佩戴口罩。每次更换场所进行更换 ②全程要求携带随身消毒用品，接触公共场地和物品前后消毒 ③携带便携式测温设备，出发后每天上报体温 ④尽量减少非必要人员接触，尽可能保持1米以上社交距离 ⑤出发前7天内进行新冠肺炎核酸检测 ⑥风险发生，则主动上报送医，全队接受相关部门安排
违反地方防疫规定	M	M	……	……

队员身体状况

风险	发生概率	严重程度	可能原因	预案
出现感冒、肠胃炎、过敏等常见病	H	E	旅途劳累、饮食习惯改变、对气候适应不佳等	①提前进行相关科普，提醒队员在火车上合理休息和安排饮食 ②提前要求队员携带个人常用药品以便进行处置，并提前科普用药知识 ③提前分享科考目的地天气信息，提醒大家做好相应着装准备 ④集合当天队医统计队员身体情况，分配用药并提醒注意事项 ⑤如风险发生，在XX县人民医院（二级甲等）及时就医。全队可以因此微调行程

续上表

风险	发生概率	严重程度	可能原因	预案
出现其他较为严重的疾病或意外伤害	E	M	……	……

社会风险

风险	发生概率	严重程度	可能原因	预案
途中与他人发生冲突	IM	M	……	……

B.XX县—XX地

新冠肺炎疫情相关

风险	发生概率	严重程度	可能原因	预案
成为新冠病毒密切接触者	E	H	……	……
……	……	……	……	……

队员身体状况

风险	发生概率	严重程度	可能原因	预案
出现疲劳、气喘、食欲不振等轻微高原反应	M	E	XX地海拔2900米，部分人员可能出现轻微高原反应	①抵达XX地之前的几天，饮食偏清淡，少摄入脂肪，多摄入碳水化合物，避免吃撑，减轻肠胃负担 ②抵达XX地之前的几天，保障充分睡眠，使体力处于最佳状态。抵达当日避免睡眠时间过长 ③多补充水分，促进体内循环 ……
……	……	……	……	……

……

实际风险记录：

四、现场处理与常见风险应对

当风险发展成险情或事故后，需要采取合理的措施尽快控制住局面。由领队或权威人士统一指挥，首先注意照顾自己和全体人员，活动方便的应尽快远离危险因素，避免再次发生事故；同时评估事故的严重程度，按照轻重缓急安排工作次序。

如果有风险预案，则按照风险预案开始工作。如有发生人身损伤，则应尽早开始伤病救治工作。如果无法通过（或无法判断能否通过）现场处理进行止损，则需要尽快呼叫救援，通知应急服务机构、活动组织方的负责人、有关管理部门。随后需组织撤离事故现场，若有伤病患，则送至医院。事故处理完毕后，考虑接下来的活动如何进行，是继续还是中止，同时注意团队人员的心理状况并进行安抚。活动后要进行总结和反思，修改完善风险管理方案。

下面介绍一些常见风险的预防和应对策略。一些风险的发生可能有多方面的原因，归类时仅选择其中一类。

1. 与环境相关

高温：应当减少或取消室外活动，转移至室内进行活动，并准备应对中暑的药物，提醒补充水分和电解质。

低温：要求提前准备保暖装备，例如，冲锋衣、抓绒衣、薄羽绒、冲锋裤等，提前普及失温的相关知识，实时关注队员身体状况。如果天气过于恶劣，或伴有降水、大风等天气，则需停留在室内，如果在高海拔处，则降低海拔。

降雨：要求携带户外雨衣，根据天气情况调整衣物。要求携带干燥的备用衣物以便及时更换，需要保持干燥的物品应装入防水袋。提前普及失温相关知识，关注队员身体状态。若遇到降雨险情，应避免通过危险路段，及时撤退到安全避雨地点，尽可能留在室内（帐篷内）。提防降雨引发的次生灾害。

降雪：包含降雨的应对措施。此外需做好鞋子的防水，踩着脚印行走，在行走前，用登山杖探查路况。若有积雪，则需及时佩戴墨镜，预防雪盲症。若在高海拔一定高度开始降雪，则在安全的前提下下降海拔，避开降雪区域。

雷击：尽可能停留在室内。提前普及雷击相关常识，遇到雷雨天气时避开山顶、平原上孤立凸起、水面等危险区域，关闭电子设备，在安全区域躲避。

落石：提前规划好行程，在现场观察落石规律，尽量绕开落石区或选择落石较少的时段通过落石区。在通过落石区时，应佩戴头盔，快速通过。在选择驻扎地时也要合理选址，避开落石风险。

山洪、泥石流、滑坡、塌方等次生灾害：每到一地前，提前了解当地地形、水系，向当地人了解风险区域和避险地点。提前查询天气，避免在风险天气前往风险地区。提前普及避险常识。若发现天气有变，可以考虑原路返回或前往河谷上游开阔地带，待天气好转后再通过。当遇到灾害时，应按照科学方法紧急避险。

陡峭、崎岖、狭窄、湿滑、冰雪等易导致滑坠的危险路段：提前规划好行程，避开危险路段。必须经过危险路段时，应提前告诫队员小心通过，保持适当的间距和行进速度，必要时可架设保护绳或结组通行。在通过冰雪路段时，需正确穿戴冰爪等装备，正确运用雪地行走技术等前进。如发生滑坠，应使用合适的滑坠制动技术制动。若发生伤病，则需按照相应方法进行处理。

黑夜、迷雾等视线不佳环境：提前规划好行程和时间安排，避免在视线不佳时行路。如必须行路，应提前准备好头灯、通信设备等，行路时保持队伍紧凑，注意路线标志。

注意：

如果在野外发生迷路、被困等情况，可能需要掌握野外应急生存技能来应对。限于篇幅，本书不予具体讨论，相关内容可以参见野外求生类的专门书籍。

野外应急求生的一般原则：

与极端环境隔绝。保温，避雨，防止动物袭击与蚊虫叮咬。搭建庇护所，使用救生毯包裹身体等。保证食物和饮水。求救。

2. 与人相关

各类伤病：合理安排行程，保证充足睡眠和规律饮食，忌辛辣、油腻、生冷食品。提前查询天气状况，做好着装准备，及时增减衣物。提前调查队员的用药禁忌以及既往病史，活动过程中若有任何身体不适，应提前向队医汇报。提前消除各类重大事故的诱发因素，全队统一活动，减少不必要的个人行动。如遇风险发生，按照本书《户外运动风险管理与基础技能》一章的方法进行针对性的应对，如若无法判断情况或无法处理，则及时就近送往有医疗条件的医院救治，队伍行程进行相应的微调。

迷路或走失：提前规划好路线，下载好导航软件并确保设备电量充足，必要时携带纸质地图和指南针备用。如需行走在信号不好的区域，应当携带卫星电话备用。提前准备好应急装备，如压缩饼干、救生哨、光源（如头灯）、防雨用品、保暖物等。当不熟悉路况时，应请向导带路，在行进过程中保证队伍紧凑且在视线范围内，不要擅自行动。若队员走失，应停止前进，立即通过通信设备进行联系。若无法联系，确定最后看到丢失队员的时间、地点、身体状况，然后寻求救援，其他队员在安全地带等待。

行程受阻：提前查询天气情况，合理规划行程和交通方式。如遇延误或中断，集体调整行程，必要时可以改变活动内容或顺序，避免部分队员擅自行动。如必须分开行动，则每队都应当有经验丰富的队员，能够完成独立队伍的所有工作，并且确保队伍之间的沟通畅通。注意调节队员的心态。

瘟疫：按照相关规定做好防疫措施，采购、住宿、饮食选择正规、大型营业场所，注意消毒，注意所有队员的日常健康观测。如遇感染，主动上报送医，全队接受相关部门安排。

违反地方政策：提前向省、地、县等部门了解地方政策，在活动过程中注意关注队员动向，提醒不要做出违反规定的行为。如遇风险发生，应主动上报，全队接受相关部门安排。

破坏环境：提前普及环境保护知识。在户外活动中，遵守本书《户外运动生态保护基础技能》一章的相关要求，践行"LNT"原则，如出现环境破坏行为时，领队应及时干涉止损，队员之间互相提醒。

团队内发生冲突：提前进行团队内的磨合，领队需提醒大家互相尊重，友好交流。如若发生团队内部冲突，则领队需介入沟通，坦诚交流，尽快解决争端，避免影响其他活动安排。

与外界人士发生冲突：提前规定纪律，由经验丰富的人员进行对外交涉。对外交流时尊重对方，有理有节，尊重地方风俗和宗教习惯。如遇无法合理解决的冲突，上报村委会、景区管理方等协助处理，必要时可报警，切忌情绪冲动，发生口角、肢体冲突。

3. 与装备相关

装备（食物）不足：提前制订好装备（食物）清单，若需寄送，应预留时间。收到装备（食物）后进行清点、检查，确保可正常使用、无质量问题、数量齐全，并有一定的富余以便备用。如出现装备（食物）不足，则改变计划，也可视情况前往当地户外用品店（商店）或联系相关人士购买或租用。

装备损坏（包括车辆故障）：活动前确保装备状况良好，提前培训装备使用方法，并准备好备用装备。在活动过程中正确使用装备（行车时控制车速并行驶在熟悉的路段上，严禁疲劳驾驶），不要做有损装备的行为。若出现装备损坏，启用备用装备，原装备不再使用并做好标记，以待活动结束后进行处理。

火源失火：从正规商家购买符合标准的火源装备，提前进行培训。实际使用时规范操作，避免倾覆，远离可燃物，禁止在防火期、防火区用火，有条件时可提前探查水源位置。如遇失火，可以操作时熄灭火源，或用不燃物覆盖等方式规范灭火，否则尽快撤离，报火警等待救援。必要时设置好防火带。

思考题：

1. 户外运动风险的成因有哪些类型？

2. 坡地地貌可能会导致什么危险？

3. 山区的气候特点有哪些？

4. 试分析滑坠风险的可能成因。

5. 判断下列说法是否正确，不正确的请说明原因。

a. 风险可能会造成人身伤害，因此应杜绝风险的发生，追求绝对的安全。

b. 风险都是由客观危险造成的。

c. 有经验的人不必在意这些条条框框，凭经验行事即可。

d. 在理想情况下感知风险应略高于剩余风险。

6. 风险管理方案应当包含哪些部分？

7. 简述滑坠风险、迷路风险的应对策略。

第13章
身先足以率人——户外运动领导力基础技能

　　组织引领是户外领队的必备素养。在大自然这样一个神奇的道场中,一位卓越的户外领队不仅是专业知识、教学技术、安全技术的传授者,也是发挥领导、组织、管理作用的启发者,让荒野的声光电和队员实现最大程度的磁场共鸣。在户外运动队伍中担任领队意味着更重的责任与更全面的能力要求,这不仅需要学习和掌握一套科学严谨的做事方法、优化心智模式,以应对可能发生的种种情况,也需要在路径与选择、方法与策略、目标与方向上起到引导、指导、向导的作用。

　　自然和荒野是没有房子和黑板的学校,在这所学校里,户外领队就好像是一位摆渡人,帮助队员在荒野的道场上重新唤醒早已钝化的感觉,回到和自然亲密无间的纯粹状态。同时,对领导统御能力的锻炼能让领队自身受益终生。

要顺利完成一次户外运动，就需要良好的领导统御。在不同组织形态的团队之中，领导的风格和形态可能不同。相互熟识、非正式的小型登山队可能并不指派明确的领队，但人员彼此清楚应尽的职责和任务，在危急时刻可以听从某位有威信的队员的决断。规模较大、关系陌生的队伍则往往有明晰的领导结构，由具有资质的专业领队、队伍召集者或公认有经验、具备领导力的人担当领队，以确保队伍正常运作，不遗漏任何环节。无论领导形态如何，户外领导的目的始终是运用经验与科学知识，统筹团队合作，安全、愉快、成功地完成本次户外运动。

本章主要讲解在户外运动中户外领队需要具备的主要领导能力。包括领队的自我认知、户外运动规划与组织能力，人事协调与纠纷处理能力，常见突发状况的处理能力与复盘总结能力。

有效的户外领导力由下表所列要素组成：

户外领导力表

技能	领队素质
技术操作技能	动机、价值观和兴趣
安全（辨别和应对危险）技能	身体健康
组织技能	正确的自我认识
环境保护技能	理解他人并能影响他人
教学技能	良好的个人性格和行为
团队管理技能	灵活有力的领导风格
解决问题技能	足够的经验积累

注意：

户外领队的"四化"原则——风险最小化；学习最大化；冲击最小化；快乐最大化。

一、户外运动中领队的自我认知

一个领队首先要对自身的性格特质、个人能力，以及领队这一角色有自己的认识。

1. 领队态度

对领队这一角色的态度会极大地影响到你领队时的表现。好的领队态度不一定可以保证一切顺利，但绝对会提高顺利的概率。明确你的态度和看待领队工作的方式可以使你更容易投入领队工作。领队的关怀、责任、勇气都在后文有所体现，但除此之外，还有一些需要在这里探讨。

这里参考相关专业资料，给出如下一些建议。

你需要从观念上成为领队，并且知道为什么而领队。你要意识到，你说了算的同时也要承担相应的责任。你需要有足够的热情和奉献意识，并且付出大量的时间和不懈的努力。你要清楚自己从事领队的动机。"因为我很擅长做领队，并且我喜欢做领队"，这样的回答不错，但可以向更深层次探寻："因为我爱挑战应对意想不到的事情""可以对我多方面进行考验，并且有自我满足感""喜欢和人打交道"。当然，作为领队，很大的益处是这项工作所提供的领队技能和服务机会。不要过分依赖榜样，比如你的前领队。你必须将领队的基本原则和你自己的风格相结合，然后为你所用。

你要意识到，领队是让人感觉孤单的工作。友好、平易近人是珍贵的领队特征，但领队并不是一场争取欢迎度的比赛。作为领队，经常要做一些不受欢迎的决定，所以要具备多个角度看问题，处理事情周全，并可以做出非批判性客观评估的能力。你对自己身为领队的认知程度和自信心会极大地影响具体决策的执行力度和手法。你需要做好随时应对突发事件的准备，愿意尝试新事物，有耐心、毅力；敢于冒险，敢于承担。

你应当理性和感性并存。这不仅能使得活动安全展开且顺利达成目标，也能为所有成员提供丰富、全面、个性的体验。你需要信任他人。你越信任他人，就越能促使他们做得更好。你需要大胆实践。加强实践就可以在需要领队技能时娴熟应用。学会从失败中获取经验。你需要做好随时应对突发事件的准备。

2. 领队风格

领队风格因人而异，并没有统一的范式。确定你自己的风格，尽可能发挥长处，弥补不足。不论哪种风格，都是非常有效的。重要的是保持真诚，表现出与个人特质契合的风格。你的队员知道你表里如一，会感到更加踏实，给予你更多信任。

这里就领队风格的阐述给出一些建议。

不同的领队风格都是有效的。有些领队交流时喜欢用一句话概括，言简意赅，有些领队喜欢漫谈细说；有些领队爱笑，有些不爱笑；有些比较大胆，有些则非常谨慎。这都没有关系。重要的是利用你的优势，转化可能的劣势为能量，防止产生误会。假如你是一个非常注重细节的领队，那么你应当发挥你这方面的优势，确保活动顺利展开，但要注意防止自己因此变得过分苛责，多给予成员一些包容。

你需要遵循自己的风格。不要总是试图模仿他人的风格，真实的自己会赢得更多的信任。即使尚处于新手期，你也不必担心，你的团队会理解并支持你的。如果你不知道自己是什么风格，那也不要刻意去想。你可以询问你的成员,"当局者迷,旁观者清",从而更好地认识自己。

有一些领队风格是不提倡的:侮辱性的、讽刺性的、低俗的、强迫性的。户外活动不是强迫行军,你也不是教官。这与树立权威并不矛盾——你应当通过尊重、关怀等方式赢得成员的支持。

领队的风格需要保持足够的灵活性。彼得·惠特克(攀登者/向导)曾说:"永远要知道什么时候该把领队的角色放在一边,加入到欢快的篝火晚会中,也要知道什么时候该严厉,特别是发生了有关安全的事情时。"通常来说,当情况的严重性上升时,领队的风格也应当更为"专制"一些。

但无论是哪种领队风格,其核心都是影响力和领导力,风格的作用是帮助领队发挥独特的引领作用,引领队员走向正确的方向,并达到让户外者体验时激动、回忆时感动、工作生活中行动的效果。

3.领队责任

所谓领队责任,不仅是履行职责和义务,还包括要对你给他人造成的影响负责。一名好的领队对自己的思想、感觉、行为都会负责任。领导力就好似一种契约:也许你与团队成员间不用签署文件,但真实存在。大家期待你带队,你也应当尽可能帮助团队保持安全,实现目标,获得良好的体验。

保持安全:你应当对可能的风险有所了解,并且做好相应准备,选择对队伍来说难易适中、风险可控的户外运动方案;了解队员的情况,时刻保持对危险的警觉,督促和提醒队员提高安全意识,遵守技术规范;在面对两难情境时做出取舍,比如在由于天气恶化需要撤退时及时做出决策。

创造良好的体验:你应当利用后文会提到的沟通、关怀、设置愿景等方式帮助建立和维持团队内的人际关系,利用第三部分提到的纠纷处理的方法处理成员之间的冲突。你可以在活动中多分享自己的经验、技巧、知识,例如,装备的使用小技巧,或者是自然地理的知识。不要一味地赶时间,忽略审美的情趣。

实现活动目标：做到以上两点，基本上就能达成活动的目标——每个人都会有各自不同的收获，你的任务就是尽可能创造一个安全、积极的氛围。

领队责任是做好你应当做的事。与此同时，不能走极端——不要滥用领队的角色。独断专行永远不会受到欢迎。好的建议要认真听取，有益的批评要积极接受。如果你是团队成员，则应当给予你的领队足够的尊重，用合理的方式提出意见或建议。

二、户外运动规划与组织能力

优秀的领队，必须学会允许参与者在可控的程度上探索未知、探险与挑战看似的不可能，使参与者达到临界状态和最佳受教时刻，使体验真实而饱满。只有完整的体验才能唤醒身体、情感与内心的共鸣，并沉淀于记忆里受益终生。但这并不意味着就提倡冒险和轻言征服自然，相反，每一次体验最大化的户外活动，其背后都需要以领队的规划与组织能力为基石。一个勇敢的户外者，一定是"量敌而后进，虑胜而后会"，尽最大可能战胜身体和内心的恐惧与不安，而不是逞冒进莽撞之勇。

1.活动前的准备

领队常常兼任行前准备的负责人，即使你不担任这一职务，也应保证对行前准备过程充分参与，全面了解，关注队伍的每一个细节，确保细节无遗漏，各部分计划相互协调。一个有条理的、筹备完善的、能够全面整合信息的团队在进行户外活动时，不仅可以达成目标和避免意外发生，同时也能享受户外的休闲时光。

下面是关于行前准备的建议：

自己先做好准备，保持自己良好的身体状态；确保自己的技能可以胜任活动的需要；持续有效地评估自己的身体状态，遵循个人极限。只有先处理好自己的事情，才有精力应对其他人的问题。

做好计划和风险预案，具体内容可以参见《户外运动总体计划基础技能》《户外运动风险管理基础技能》等章节。

确保各装备和后勤物资准备妥当。

为想要参加活动的人员说明要求并进行资格评估，在需要的时候，不要吝啬拒绝他人。

提前与团队成员进行联系，这一步不仅是为了建立人际关系，也是为了获取更多必要的信息，调整计划方案，以备不时之需。

再次检查关键环节。

2. 组织技巧

这里给出几条活动组织的技巧供大家参考。

（1）制订并遵守规则

在户外运动前，提前确定好规则、政策和指导方针，也就是所有人都应该遵守的"纪律"。这样不仅可以提高活动的效率，也可以有效减少风险的发生。为了发挥实质作用，这些规则必须与活动所期望的结果挂钩。

规则是不应讨价还价的规定，在制订的阶段获得所有人的认可后，就应该严格执行。一旦有人违反规则，领队应当及时制止。领队应当有这样的决断力和权威，但要注意不能变成无谓的说教和批评，这样无益于解决问题。

（2）关怀

优秀的领队会真诚地关心他们所带领的对象，他们会将每一次行程或活动视为一个帮助人们学习和成长的绝佳机会。户外环境中的关怀与其他情形所指的关怀一样，都是一种主动将自己置于他人角度、富有同情心、优先考虑他人的行为。

关怀是一个非常实用和强大的工具。关怀能够带来信任，使领队和队员之间建立重要的联结纽带；也可以让团队成员之间更加团结地一起做事情。关怀是解决冲突的有利途径，它可以化解愤怒和恐惧，有利于双方为了谋求最终方案而真诚对话。关怀还可以为可能对活动造成负面影响的行为和因素提供早期预警，让你对此更为敏感。

关怀的具体方式有：站在他人角度考虑问题，细心观察他人需求；可以在一定程度上展现自己的脆弱，例如，和他人分享自己类似的经历；倾听，摒弃主观评判；容忍他人的不足和缺点，特别是新人，对他人的贡献和付出及时给予肯定；有技巧地纠正，所有纠正都应该明确秉持对事不对人的态度，对于个别问题，尝试私下纠正，如果是队伍中普遍存在的共性问题，可以在合适的时间当众指出，这有益于整个队伍的发展。

（3）沟通

良好的沟通不仅可以让你直接准确地传达你想要表达的事情，也是对其他人和整个团队负责。缺乏良好沟通可能会导致各种曲解、误会甚至冲突。

关于沟通的建议：

确保你的沟通完整又准确。你要设身处地地考虑听众的情况，什么是他们需要了解的，什么是他们不知道需要你提前说明的。往往有些领队会因为自己经验丰富而忘记了新手缺乏的知识背景。

确保信息要及时并顺利传达。需要较长时间进行反应的期望和要求，需要提前做好沟通。如果担心传达不到位，需要再次确认，避免歧义。

友善地对待和你交流的人，尽可能亲切并坦诚。

沟通因人而异。考虑不同人的背景、年龄、性格，为各类人的沟通负责。

做一个好的聆听者。

征求反馈意见，以便下次改进。

（4）情绪引导与把控

此外，如果想要更好地引导队员的情绪，通过沟通展现自我魅力及领导力，那么，除去基本的沟通技术和谈话技术外，还应适当丰富自己的博物学知识（历史、人文、天文、地质等），并通过自然环境、声音、色彩以及情绪的把控，让队员全情投入到当下的户外体验中。

三、户外运动人事协调与纠纷处理能力

1. 人事协调

这里介绍一个模型：操作区模型。操作区模型是一种厘定参与者能力与活动难度之间适配程度的理论模型。它不仅可以帮助我们协调人事，也有助于预防风险的发生，见下图。

A区活动：参与者能力水平远远高于活动难度系数要求。可能因缺乏挑战或刺激而导致疲劳和厌倦，因注意力松懈而发生险情。

B区演练：能力水平超出活动难度系数要求。可以轻松处理挑战，体验愉快。

P区最佳体验：能力水平与活动难度系数要求匹配，愉快与挑战并存。

C区挑战：活动难度系数稍高于能力水平。需要最大限度集中精力，能在这个过程中学习新技能。但具有潜在风险。

D区沮丧：活动难度系数高于参与者能力水平，风险极高，应当尽量远离这一区域。

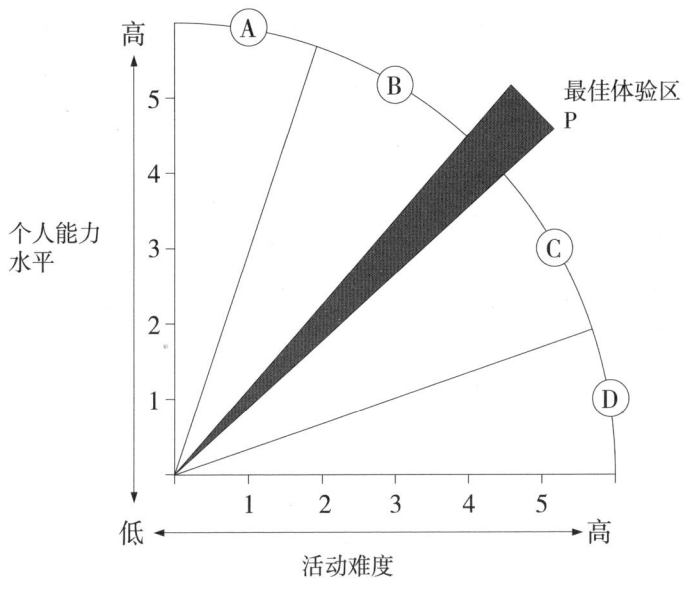

探险行动操作区模型

在应用操作区模型时,可以找到团队中不同能力水平的每个个体所在的位置,对团队整体能够适应的活动难度做出判断。如果团队中有成员处在D区,此方案就应当慎重考虑;如果大部分队员处于C区,最好保证一部分能力较强者处于A区或B区,让他们有精力对处于C区的队员进行指导和帮助。领队应当具备从A到C的适应能力,在不同活动难度下,对可能存在的风险做出判断和干预。

运用操作区模型可以使得团队里每个人都各得其所,使得整体效益大于个体效益的简单加和。如果有可能的话,最好在选择团队成员时就谨慎考虑每个成员在团队中的位置。

2.团队建设——责任与愿景

尊重个体差异,让每个人都在团队中做出贡献,这有助于培养团队成员的责任意识。当人们感觉到自己是团队中不可或缺的一分子时,他们更容易自愿为团队的成长全力以赴。领队应适当放权,让团队成员自由发挥,这也能有效减轻领队的个人压力,降低出错可能。

另外,团队也必须达成共识。建立一个所有人都向往的"愿景"是带领一个团队的关键。这个愿景需要清晰、具体,需要积极,需要发自内心,例如,登某一座山的愿景是"全员登顶、安全下撤",某次骑行的愿景是"一个月内完成川藏线"。一个好的愿景能够激发团队成员为之努力,鼓励成员承受艰巨和复杂的挑战,能够让团队成员高效协作,摒弃压力和外在干扰。它在处理冲突、筹划项目时都是一个有力工具。

3. 纠纷处理

在户外环境下,分歧和冲突是在所难免的。对于户外领队来说,真正的挑战不单单是在自己的范围内避免其发生,更是在必须面对问题时有效进行处理。

成功化解纠纷的关键不是以智取胜,或者用其他什么方法击败对手,而是要发现并建立信任,进而使双方回到相同的立场,并积极营造一个双赢的愿景。

以下是处理纠纷的一套流程,仅提供参考。

先从自己内心和思想方面的准备开始,然后寻找多种多样的方式和途径来建立信任。直面问题所在,然后寻求一种没有威胁的方式开始一次对话。谨记建立信任的关键是关怀。寻找冲突背后的深层次原因,然后用一种妥当的方式处理敏感性问题,以及环绕在周围的各种情绪。也许这些一开始不是那么容易,但可以试着赌一把。

充分利用所建立起来的信任,冷静、细心地寻找解决问题的方法和途径。注意不要采取掩盖问题的方法,避免引发冲突。

如果简单易行的解决途径不存在,那么需要明确冲突双方争论的焦点是什么。尽可能地罗列分歧、获取信息。关注他人的反应,必要的时候做出一些澄清。不要采取说教的方式。

探寻双方的共识。承认他人身上你赞同的内容,寻找其他共同目标。以恰当的方式引出任何可以分享的背景或经历。询问他人互换角色后会如何应对。

通过共同努力,最终创造新的选择。要充分利用已经找到的富有建设性和信任感的氛围,寻求常常被忽略的新的解决方式。找到之后,要进一步细化,然后赋予其一定的责任,并勇敢地接受责任,付诸实践。

如果以上策略仍然难以发挥作用,作为领队,应该坚定地告诉自己,你负有极大的责任和最终决定权来做出决定。

四、户外运动常见突发情况处理能力

作为领队,要做好随时应对突发事件的准备。在突发状况下,团队需要一个主心骨——有足够能力和魄力的决策核心。你需要及时挺身而出,保持冷静和果断,让整个队伍镇定下来,积极做出应对。

1. 制订最佳决策

全面的思考、常识和直觉是做出良好决策的关键因素,但绝对没有堪称完美的决策,特别是当时间紧迫、优先级别难以抉择、心情激动时很容易产生草率的决定。你需要在每一次成功或失败的决策中积累经验,提高成功决策的概率。这里给出一些科学建议。

提前评估可能的风险,做好相应的预案。如果对可能发生的状况有一个大致的了解和估计,那么在真正遇到困难时就不会举棋不定。关于风险评估和预案,参见《户外运动风险管理》一章。

按照以下基本步骤制订决策:

① 停下来深吸一口气,遵循自己的想法。

② 对各种选择进行初步审视,包括非常规选择——跳出传统思维、预先有

的预案。

③ 评估利弊，权衡利弊，进行比较。

④ 选择利大于弊的选项，并落实。

⑤ 根据新的情况修正决策。

同时还需要更多地训练自己的思维，才能运用这样的决策过程。当你习惯了这一过程，决策起来将会更加快速简单。

决不让任何决策系统工具为你制订最终决策，例如，风险预案。多数风险预案行之有效，但完全依赖则可能陷入教条主义、脱离实际。要考虑想做的是否符合一般常识。此外，要给非理性怀疑——直觉——留一定空间。

如果尽力了，就不要后悔。做决策忌讳朝令夕改。反思经验，努力在下一次做得更好。

2. 应对压力

作为领队，面对突发状况需要做出决策时，往往会感到有压力，尤其是涉及生命的时候。这里给出一些建议，这些建议对于其他情况，如事务繁杂时的压力、面对队内成员矛盾时的压力也同样适用。

做一个深呼吸，让自己的情绪尽可能平静下来，这样才可以冷静评估所处的情形和可能采取的措施。

处在当下，不要浪费时间去想其他情况会是什么样的，例如"如果当初不这样做会怎么样"，也不要对他人的失误而喋喋不休，这样解决不了问题，只能让各自更有压力。

不要质疑自己的能力，相信自己，把自己拥有的能力最大限度地发挥出来。提醒自己，自己可以控制好自己的情绪。

寻求一个解决问题的简单方法，拿出已经做好的应急方案。如果没有，列出一系列可以做的步骤，一步一步做起。

采取行动，马上实施自己的计划方案，不要犹豫。这样可以为自己创造前行的动力。

事后，注意复盘总结，为未来做好准备，改善自己的装备，以及处理事情的专注程度，等等。进行额外的训练。每一次经历中学得越多，下一次就会应对得越自如。

3. 勇气

很多时候，即便你知道应该如何做，但当事情真的发生的时候，你依然可能感到害怕、茫然若失，不敢面对。对于团队成员来说，这很正常。然而作为领队，你应当起到榜样作用，直面困难。你应当拥有"勇气"去直面让你恐惧的事物，包括精神层面和身体层面。

应对突发情况所需的勇气和对风险的认知是一致的。这也说明了两个基本策略：降低对风险的感知程度，或者增加足够的勇气。

在《户外运动风险管理基础技能》一章中，我们曾提到"感知风险"的概念。经验越丰富，感知风险往往也会越低，因为他掌握了更多管控风险的能力。因此，不断学习、增加经验、理性分析并做好预案都有助于降低对风险的感知程度。除此之外，我们也可以从精神层面入手，例如，尽可能保持幽默感，或者通过分享自己曾经成功应对的经历来降低成员的恐惧感。

在增加勇气方面，给出的建议是通过寻找意义来探寻勇气，例如，可以把困难和风险当作一次挑战，把战胜挑战当作对自己各方面品质的历练。这样一来，你依然保持着对风险的感知，但因为目标的变化，你也变得更愿意去面对它了。

五、户外运动复盘能力

当户外运动结束后，作为领队应当对活动进行一次复盘。可以试着给自己提这些问题：

活动目标是否达成了？这是开展户外运动的最初目的，也是评价户外运动成功与否的重要指标。

每个成员是否都各自有所收获？可以私下与成员沟通，听听他们是怎么说的。不同人可能因不同的性格、背景等想法不同、观念不同，但都可以有各自不同的收获。也许很难保证让所有人都满意，但是让每个人有所收获应该是户外运动的最大意义。

有哪些是计划之外的事情？以前的经验、资料可能会过时，可能与实际不符。计划之外的事情是一次活动能给后人留下的最宝贵的东西，无论是经验，还是教训。把这些内容记下来，更新现有的资料，将十分有益。

有哪些领队经验值得总结？除了针对活动的经验总结，领队经验总结也十分重要。每一次带队都是一次培养领队技能、自我提升的过程。要注重回顾反思，优秀的领队就是在一次次锤炼中培养出来的。

最好可以将总结的东西写成文字，不仅方便自己需要时查看，也方便其他人快速学习经验总结。

思考题：

1.判断下列说法的正误，并简要说明原因。

a.领队应当是所有事务的统领者，所有事务都应当亲力亲为；即使不亲力亲为，也应当让承担工作的成员按照领队的想法去做。

b.领队应当从观念上成为领队，并知道为什么而领队。

c.领队的风格有统一的范式，新人领队应当尽可能地模仿更有经验的领队。

d.领队不应当陷入对成员错误的说教中。

2.领队的责任是什么？

3.列举户外运动开展前领队应当做的准备。

4.判断下列说法的正误，并简要说明原因。

a.领队应当注意容忍他人的不足和缺点，特别是新人。

b.在向团队成员传达信息时，应当设身处地地考虑听众的情况，提供需要的信息，摒弃不必要的信息。

c.在与团队成员沟通时，领队应当做一个好的倾听者。

5.什么是操作区模型？

6.当遇到团队内的纠纷时，领队应该如何做？（简单叙述即可）

7.判断下列说法的正误，并简要说明原因。

a.在遇到突发状况时，按照风险预案来做就可以了。

b.深思熟虑之后做的决策可能也不完善，一旦发现有一点点不合适，就应当立刻修改，即使该决策已经下达了。几次三番修改决策很正常。

c.面对突发事件，不要去浪费时间考虑"如果没有这么做会怎么样"，重要的是尽快解决问题。

d.领队应当起到榜样作用，勇敢地直面困难。

8.户外运动复盘总结时可以从哪些角度进行考虑？

附录
大学生体测标准和评分表

男生体质健康测试评分表

等级	单项得分	肺活量		体前屈	
		大一大二	大三大四	大一大二	大三大四
优秀	100	5040	5140	24.9	25.1
	95	4920	5020	23.1	23.3
	90	4800	4900	21.3	21.5
良好	85	4550	4650	19.5	19.9
	80	4300	4400	17.7	18.2
及格	78	4180	4280	16.3	16.8
	76	4060	4160	14.9	15.4
	74	3940	4040	13.5	14.0
	72	3820	3920	12.1	12.6
	70	3700	3800	10.7	11.2
	68	3580	3680	9.3	9.8
	66	3460	3560	7.9	8.4
	64	3340	3440	6.5	7.0
	62	3220	3320	5.1	5.6
	60	3100	3200	3.7	4.2
不及格	50	2940	3030	2.7	3.2
	40	2780	2860	1.7	2.2
	30	2620	2690	0.7	1.2
	20	2460	2520	−0.3	0.2
	10	2300	2350	−1.3	−0.8

引体向上		立定跳远		50米		1000米	
大一 大二	大三 大四	大三 大四	大一 大二	大一 大二	大三 大四	大一 大二	大三 大四
19	20	275	273	6.7	6.6	3'17"	3'15"
18	19	270	268	6.8	6.7	3'22"	3'20"
17	18	265	263	6.9	6.8	3'27"	3'25"
16	17	258	256	7.0	6.9	3'34"	3'32"
15	16	250	248	7.1	7.0	3'42"	3'40"
		246	244	7.3	7.2	3'47"	3'45"
14	15	242	240	7.5	7.4	3'52"	3'50"
		238	236	7.7	7.6	3'57"	3'55"
13	14	234	232	7.9	7.8	4'02"	4'00"
		230	228	8.1	8.0	4'07"	4'05"
12	13	226	224	8.3	8.2	4'12"	4'10"
		222	220	8.5	8.4	4'17"	4'15"
11	12	218	216	8.7	8.6	4'22"	4'20"
		214	212	8.9	8.8	4'27"	4'25"
10	11	210	208	9.1	9.0	4'32"	4'30"
9	10	205	203	9.3	9.2	4'52"	4'50"
8	9	200	198	9.5	9.4	5'12"	5'10"
7	8	195	193	9.7	9.6	5'32"	5'30"
6	7	190	188	9.9	9.8	5'52"	5'50"
5	6	185	183	10.1	10.0	6'12"	6'10"

女生体质健康测试评分表

等级	单项得分	肺活量		体前屈	
		大一 大二	大三 大四	大一 大二	大三 大四
优秀	100	3400	3450	25.8	26.3
	95	3350	3400	24.0	24.4
	90	3300	3350	22.2	22.4
良好	85	3150	3200	20.6	21.0
	80	3000	3050	19.0	19.5
及格	78	2900	2950	17.7	18.2
	76	2800	2850	16.4	16.9
	74	2700	2750	15.1	15.6
	72	2600	2650	13.8	14.3
	70	2500	2550	12.5	13.0
	68	2400	2450	11.2	11.7
	66	2300	2350	9.9	10.4
	64	2200	2250	8.6	9.1
	62	2100	2150	7.3	7.8
	60	2000	2050	6.0	6.5
不及格	50	1960	2010	5.2	5.7
	40	1920	1970	4.4	4.9
	30	1880	1930	3.6	4.1
	20	1840	1890	2.8	3.3
	10	1800	1850	2.0	2.5

一分钟仰卧起坐		立定跳远		50米		800米	
大一 大二	大三 大四	大三 大四	大一 大二	大一 大二	大三 大四	大一 大二	大三 大四
56	57	207	208	7.5	7.4	3'18"	3'16"
54	55	201	202	7.6	7.5	3'24"	3'22"
52	53	195	196	7.7	7.6	3'30"	3'28"
49	50	188	189	8.0	7.9	3'37"	3'35"
46	47	181	182	8.3	8.2	3'44"	3'42"
44	45	178	179	8.5	8.4	3'49"	3'47"
42	43	175	176	8.7	8.6	3'54"	3'52"
40	41	172	173	8.9	8.8	3'59"	3'57"
38	39	169	170	9.1	9.0	4'04"	4'02"
36	37	166	167	9.3	9.2	4'09"	4'07"
34	35	163	164	9.5	9.4	4'14"	4'12"
32	33	160	161	9.7	9.6	4'19"	4'17"
30	31	157	158	9.9	9.8	4'24"	4'22"
28	29	154	155	10.1	10.0	4'29"	4'27"
26	27	151	152	10.3	10.2	4'34"	4'32"
24	25	146	147	10.5	10.4	4'44"	4'42"
22	23	141	142	10.7	10.6	4'54"	4'52"
20	21	136	137	10.9	10.8	5'04"	5'02"
18	19	131	132	11.1	11.0	5'14"	5'12"
16	17	126	127	11.3	11.2	5'24"	5'22"

参考文献及延伸阅读

1. 中国登山协会.户外运动［M］.北京：高等教育出版社，2012.

2. 钱俊伟.户外运动［M］.北京：高等教育出版社，2014.

3. 全国13所高校《社会心理学》编写组编著.社会心理学[M].天津：南开大学出版社，2008.

4. 韩开成主编.体育管理学[M].重庆：重庆大学出版社，2019.

5. （美）美国登山协会（编著），（美）罗纳德·C.恩格（统筹）；宋德凯，黄海涛（译）.登山圣经［M］.重庆：重庆出版社，2012.

6. （美）美国国家运动医学学会，（美）艾琳·A.麦吉尔，（美）伊恩·蒙特尔主编.NASM-PES美国国家运动医学学会运动表现训练指南[M].北京：人民邮电出版社，2020.

7. （美）美国国家运动医学学会，（美）迈克尔·A.克拉克，（美）斯科特·C.卢塞特，（美）布赖恩·G.萨顿主编；王雄，JUZPLAY运动表现训练译.NASM-CES美国国家运动医学会纠正性训练指南[M].北京：人民邮电出版社，2019.

8. （美）保罗·S.,奥尔巴赫著;吴文智,曹勇平译.户外医学：野外急救与医学应急求生宝典（第5版）[M].苏州：苏州大学出版社.2017.

9. 商业技能鉴定与饮食服务发展中心，全国商务人员职业技能考评委员会组织编写.营养师培训教程 上[M].长沙：湖南科学技术出版社，2009.

10.（美）丹·贝纳多特著；周帆扬等译. 高级运动营养学[M]. 北京：北京科学技术出版社, 2019.

11.（英）麦克迈斯纳著;陈嫔荣译.背包客[M].浙江科学技术出版社，2010

12.（美）艾米·罗斯特编著；程静译. 野外生存必备技能[M]. 北京：现代出版社, 2016.

13. 何宗宜，宋鹰，李连营编著. 地图学[M]. 武汉：武汉大学出版社, 2016.

14. 曾令锋等编著. 自然灾害学基础[M]. 北京：地质出版社, 2015.

15. 吴振祥，焦述强，樊秀峰. 工程地质野外实习教程[M]. 武汉：中国地质大学出版社, 2016.

16. 冯明，董范，刘可群主编. 户外运动气象学[M]. 武汉：中国地质大学出版社, 2015.

17. 王苏光主编；王全法，胡原副主编. 户外探险与野外生存[M]. 苏州：苏州大学出版社, 2011.

18. 国家体育总局职业技能鉴定指导中心组编.社会体育指导员国家职业资格培训教材——户外运动[M].高等教育出版社，2012.

19. 李金芬著. 户外运动安全管理研究[M]. 北京:原子能出版社，2011.

20. 李舒平，邹凯主编. 户外运动的风险管理[M]. 广州:广东科技出版社，2009.

21.（美）约翰·格雷厄姆著. 户外领导力[M]. 重庆：重庆出版社, 2018.

22. 严奕峰.国外户外教育的发展及启示[J].外国中小学教育，2008.

23. 蔡君. 对美国LNT(Leave No Trace)游客教育项目的探讨[J]. 旅游学刊, 2003,（6）.

24. 微信公众号"人邮体育"

25. 微信公众号"磨房"

26. 微信公众号"雪线之上"

27. 微信小程序"户外绳结"

28. 8264户外论坛

29. 地图查询网站：https：//www.osgeo.cn/

http：//www.916au.com/onegreen/

30. 国家气象科学数据中心：http：//data.cma.cn/

https：//www.mountain-forecast.com/peaks/Mount-Everest/forecasts/8850

 MEMORY
HOUSE